AF358543

Tu

DON

Tu

DON

El PODER de Sanar tu Vida

NURIA SALA BERGILLOS

"Sumérgete en este libro lleno de dones en forma de bendiciones y sana tu Mente, Alma y espíritu."

Título: *TU DON - El Poder de Sanar Tu Vida*
© 2019, Nuria Sala Bergillos

Autoedición y Diseño: 2019, Nuria Sala Berguillos

Primera edición: febrero de 2019
ISBN-13: 978-84-09067-64-0

"Todos los seres a los que se les ha sido otorgada la vida tienen el don de sanar irradiando energía y luz"

Mikao Usuí

TESTIMONIOS

"Sinceramente impresionante, un libro lleno de luz y de descubrimientos en ti mismo, que llenan tu alma de energía vibrante y sabiduría increíble libro "Tu don, el poder de sanar tu vida", recomendadísimo, te aseguro que comprarlo cambiará tu mundo sencillamente genial, gracias por existir".

Eila Rubio Romero,
autora de "¡Ven conecta!".

"Nuria me ha ayudado muchísimo a sanar mi vida con su libro "Tu don, el poder de sanar tu vida". He descubierto una espiritualidad que no conocía a través de sus canalizaciones y conexiones con el Universo y los ángeles. Me he dado cuenta de que tenía que sanarme a mí misma, para poder entender esas "señales" que me enviaba la vida. Me he sentido muy identificada con ella, y ha sido una gran ayuda para aumentar mi autoestima y mi seguridad. Si necesitas volver a confiar en la vida y desenvolver su regalo, ¡tienes que leerlo YA!

Gracias Nuria por poner tu alma al servicio de los demás y demostrar que sí se puede salir de una situación desafiante con espíritu renovado".

Isa Campillos,
autora del libro "El código de tu sanación".

"Sanación con mayúsculas, su autora te introduce en el mundo de las hadas, ángeles y guías espirituales de una forma tan amena que parece un cuento. ¿Quieres descubrir otra forma de curar tus heridas emocionales? Nuria te la muestra en este maravilloso libro".

Rocío Sánchez,
autora de "¿Quién es la Otra?".

"Con este libro me he impresionado del poder que tenemos de sanarnos y sobre todo me ha impresionado descubrir que existen guías espirituales que nos ayudan. ¡Te vas a impresionar!".

Brigitte Bianchi
autora de "Todo comienza con un plan".

"Cuántas veces nos vemos atascados por problemas, situaciones que venimos acarreando de pequeños que se transforman en piedras cada vez más pesadas sobre nuestras espaldas que sin darnos cuenta nos impide ser felices... Nuria nos enseña a liberarnos plenamente de esos obstáculos a través del don de la sanación. Un libro esencial para tener a mano en los momentos de ahogo del alma. Esencial para volver a recuperar el sabor de la vida. ¡Gracias, Nuria, por tu gran obra!".

Dra. Carina Povarchik
autora de "Donde todo comienza, trilogía DAR".

"Un libro revelador, o al menos eso ha supuesto para mí... la naturalidad con la que se trata el tema de la canalización, cómo he descubierto que todos podemos hacerlo y lo mejor, el trabajo tan profundo de sanación que hay que hacer para llegar a ello. Una magnífica experiencia personal".

**Patricia Bartolomé terapeuta y formadora, especialista en Biodescodificación, transgeneracional y en problemas de fertilidad.
Autora de "Las leyes de la fertilidad".**

"Cuando conoces en persona a Nuri, te das cuenta que tiene un don que pocas personas tienen. En su libro "Tu don, el poder de sanar tu vida" relata sus conexiones con seres de luz, y a través de ellos recibe la información correcta para cada situación. Sorprende la sabiduría y paz que emana de su libro".

**Juan José Gascó Esparza,
autor de "Compartiendo Vida".**

"Tuve la suerte de conocer a Nuria en una de sus terapias, y la verdad es que fue un antes y después, ya que desde su esencia hace que conectes con tu esencia, y realmente te sanes desde dentro hasta fuera. Una mujer con luz y una fuerza arrolladora que viene reflejada en su obra "TU DON, EL PODER DE SANAR TU VIDA". Si quieres conectarte contigo mismo y volver a recuperar tu esencia, este es tu libro, no lo dudes. Mil gracias, Nuria, por ello".

**Borja Montés Llopis,
autor de la Trilogía "A través de sus pequeños ojos".**

"Tu don es una magnífica saga que ayuda a depurar el alma a niveles muy profundos. En ella puedes encontrar las más eficaces herramientas para la limpieza espiritual. Un auténtico tesoro para el alma".

Ana de Juan, Coach Integral. Autora de "Fortaleza Espiritual" y Formadora.

"Tu Don tiene la particularidad de aportar una mirada espiritual a los acontecimientos de la vida diaria y cómo logramos a través de la sanación de la mente, espíritu y el alma, conectar con nuestros guías espirituales y así poder recibir los mensajes del universo. Una obra realmente transformadora".

Gerardo Vicente Fariña.
Autor del Libro "¡Invítame a pensar!".

"Nuria te conecta a través de la canalización con tus guías espirituales. Un libro de sanación a todos los niveles para entender los mensajes del universo. Lo que antes considerabas esotérico se transformará en algo sencillo y natural. He obtenido resultados visibles simplemente poniendo en práctica sus consejos. Gracias, Nuria, por tu valiosa aportación".

Nuria Quirós Roldán.
Autora del libro "Cada día mejor".

"Tu Don. El Poder de Sanar Tu Vida" es un libro de Crecimiento personal y espiritualidad donde se le da la máxima importancia a la sanación personal, para llegar a conectar y canalizar con Tus Guías y Tus Ángeles. Te agradezco, Nuria, por toda la limpieza que te tuviste que pasar, para que ahora puedas ayudar a tantas personas, una de ellas yo misma, que he llegado a la purificación interior, para comunicarme ampliamente con Mi Mundo Espiritual. Gracias, Gracias, Gracias".

Ana Gordillo.
Autora de "Querida Tristeza…".

"Tu Don, el poder de sanar tu vida" es un libro de espiritualidad y crecimiento personal. Nuria nos enseña a través de su experiencia personal cómo sanar para poder recobrar esa conexión con nuestros guías espirituales, trabajando a nivel de alma, mente y espíritu".

**Gemma Comas,
autora de "La magia que duerme en ti".**

"Descubrir el mundo de los guías espirituales que mediante la saga "TU DON" nos presenta su autora es adentrarnos en mundos a veces desconocidos como las canalizaciones. Nuria nos acerca de un modo natural y a través de su testimonio, las claves para llegar a esa "Alma sana". Su cercanía hace de la lectura de esta saga que sea muy fácil y enriquecedora para todos. Gracias, Nuria, por hacer nuestro tu aprendizaje que sin duda nos pone en tu piel para comprender mejor este mundo espiritual".

**Mely RRelinque,
directora y CEO de empresa de Formación y autora de
la trilogía "Más allá de Tu Piel".**

"Gracias, es increíble cómo este libro, llego a mi vida en el momento justo, necesitaba aprender a conectar con mi guías espirituales, a canalizar, lo he intentado en varias ocasiones, y por sí sola me parecía difícil, con tu libro comprendí la manera de hacerlo, lo narras de una manera increíble que toda persona pueda entenderlo a la perfección, nuevamente gracias por enseñarme la manera de poder sanar mi alma, mente y espíritu, para seguir viajando en este hermoso viaje llamado vida. Lo que más conmovió es tu historia personal, y la manera que lo pudiste superar. Es un hermoso libro que lo recomiendo cien por ciento, si quieres, tener resultados maravillosos "TU DON EL PODER SANAR TU VIDA" debería estar en la biblioteca de tu casa, porque serás bendecido!".

**Claudia Elizabeth Garcete,
autora de "Los secretos de mi mundo".**

"Es un libro que me ha dejado maravillada cómo Nuria explica su historia personal la cual nos enseña a sanar nuestra alma, mente, desde la espiritualidad con canalizaciones para poder tener el canal limpio para entender los mensajes del Universo. Gracias, Nuria, por este maravilloso libro que recomiendo que lea todo el mundo".

Isa Penedo.
Autora de "Quédate con lo bueno sé feliz".

"TU DON, EL PODER DE SANAR TU VIDA" sana tu mente y tu alma para poder canalizar los mensajes del universo, ángeles, arcángeles, guías espirituales. Me apasiona la espiritualidad un tema que Nuria a través de este libro toca muy a fondo para poder llegar a más personas. GRACIAS INFINITAS, Nuria".

Carolina Rodrigo Fuentes,
autora del libro "Piensa, Vende, Ama".

"Tu don, el poder de sanar tu vida" me ha ayudado a aprender a canalizar y conectar con mis guías, y me han dado la apertura a ver mis conflictos y solucionarlos. Nuria me ha abierto la posibilidad de liberarme de todo lo antiguo, para tener más claridad en lo nuevo y proyectar una vida mejor, gracias, Nuria, por este gran libro".

Ignasi Riera Ferrer.
Autor de "Bienvenido a tu Libertad".

"TU DON, EL PODER DE SANAR TU VIDA" es un libro que me ha llegado profundo a mi corazón. Si algo valoro en un libro, es que los escritores hablen de sus propia experiencia y Nuria desde un lugar muy amoroso, honesto y humilde, nos abre un mundo para sanar y conectar con otros espacios de nuestro SER. No hay duda de que es un libro que contiene mucha sabiduría. Te nutre, te emociona, te maravilla y sobre todo, te impulsa a superarte. ¡Con libros como este, es difícil escoger las palabras adecuadas, para expresar el GRAN REGALO, la gran Bendición, que se siente en alma, cuando llega algo así a tus manos! ¡¡¡Gracias!!!".

Andrea Aranguiz Costa.
Autora de "El Juego de la Transformación Interior".

"La dulzura y calidez con la que Nuria nos transmite su don es una maravilla. Un libro que te ayudará a sanar en tres niveles cuerpo, mente y alma".

Laura Escribá Carrasco.
Autora de la Saga "Sensaciones".

"No creo en las casualidades, creo en las causalidades. Nuria la conocí un día muy especial donde puede ver en sus ojos un alma llena de bondad y generosidad. No tengo palabras para agradecer al Universo que me pusiera a ella y a sus mágicos libros en mi camino. Es una escritora que te llega a lo más profundo del alma y, lo mejor, te ayudará a sanar esas heridas que no sabes que están, pero ella te las hará ver y transcender.

Confía, fluye, olvídate del miedo y vive desde el amor a través del libro de Nuria".

Vanessa Martínez Cañadas,
autora de la trilogía "El éxito es sexy".

"Antes de dar mi testimonio, quería dar las gracias a Nuria por ser una obra diferente a lo leído hasta ahora sobre el tema. Desde el minuto uno me atrapó la energía y el alma del libro. Leer Tu Don me ha ayudado a conectar más con mi interior con mi esencia, me ha abierto más profundamente a ese lado que parece menos real y sin embargo es más real que está realidad. Nuria me acerca a conectar con ese lado, con mis guías, con los seres que me acompañan y guían y están para ayudarnos en cada proceso. Yo ya canalizo desde hace tiempo, pero desde que he leído tu don puedo decir que mi canal se ha potenciado, aclarado y afinado mi sentir. Si quieres disfrutar y conectar con tu ser superior no dudes en leer Tu Don".

Cristina Segura Picazo.
Autora de la trilogía "E.R.A. Vive el cielo en la Tierra".

"¡FASCINANTE! Un libro que te lleva a trabajar muy profundamente tu preparación interior y así poder desarrollar tu verdadero DON. La autora nos enseña de manera sencilla y a la vez muy eficaz la manera de sanar tu mente y tu alma para poder después, en ese estado espiritual perfecto de creación, ir tras lo que siempre has anhelado en tu SER.

Me ha encantado, un libro para descubrir tu verdadero DON".

Robinson González.
Orador Experto en Motivación
Mentor en Oratoria
Escritor de la Trilogía Hazlo Ahora
Creador del Seminario Intensivo HAZLO AHORA

AGRADECIMIENTOS

Agradezco inmensamente a mi familia por su apoyo constante e incondicional. Ellos son mi pilar. Ahora comprendo por qué los elegí. Los amo profundamente.

También agradezco a mi familia de alma que a pesar de estar en la distancia estamos más unidas que nunca. Siempre me dieron el aliento y fuerza no solo para escribir sino crecer y expandirme. Reconocer mi ser único y el verdadero significado de este camino.

Dedico este libro a mi mente, alma y espíritu por toda la sanación que ha realizado durante la escritura y a esa niña interior liberada de todo sufrimiento.

Me siento enormemente agradecida a mis mentores, compañeros de viaje y a todas las personas que siempre han confiado en mí y en mis enseñanzas.

Agradezco todas las personas que pasaron por mi vida aunque me causaran dolor porque se convirtieron en mis grandes maestros.

Doy las gracias a Dios, mi Universo de amor, a los ángeles, arcángeles, las hadas, duendes, elfos y todos los seres de luz que siempre me acompañan, sobre todo a mi guía espiritual; mi ángel guardián.

Dedico este libro y mi labor y lo pongo al servicio a todos esos seres que deseen encontrar lo que realmente su alma anhela, cumplan con sus sueños y reconozcan el ser divino que son.

Y recordar a todas esas almas dolidas que sufren que sí es posible sanar desde lo más profundo del ser.

A todos vosotr@s os amo inmensamente.

ÍNDICE

PRÓLOGO DE LAIN

Puedes sanar tu vida…

El primer paso es darse cuenta. Tomar conciencia de que quizás hay partes de la misma que están enfermas.

¿Qué es una parte enferma?

Son esas partes en las que hay conflictos. Aquellas en las que el potencial que nuestra alma nos dice que tenemos, no corresponde con la realidad que nuestra mente ha creado.

Como todo cambio, sucede de dentro hacia fuera, de raíz a fruto, de causa a efecto. Pero tampoco es así como nos han enseñado a solucionarlo.

Algunos pasivos, esperando que todo cambie sin que necesariamente ellos tengan que cambiar. Otros más activos, pero enfocando sus esfuerzos en los efectos, en los frutos, en el afuera; ignorando por completo que todo eso es un reflejo de la verdadera imagen.

En el momento que tomamos conciencia de cómo se crea nuestra realidad y como se enferman nuestras circunstancias, en ese momento, y solo en ese, es cuando estamos preparados para ese gran salto cuántico donde todos nuestros sueños se hacen realidad.

En ese punto, solo nos queda ya saber el "cómo"…

¿Cómo podemos generar ese cambio?

¿Cómo podemos sanar nuestra vida?

¿Cómo podemos aprovechar ese don de transformar la realidad y volver a nuestro favor?

Y si estás aquí es porque ya estás preparado. Estás en el lugar apropiado y Nuria te acompañará en el camino.

¡Gracias por escribirlo Nuria!

LAIN, autor de la saga LA VOZ DE TU ALMA.

www.lavozdetualma.com

*A ti que estás leyendo
este libro, fuente divina de
sanación, siente tu poder y
desátalo.*

SHALOM

TE ESTABA ESPERANDO

TE ESTABA ESPERANDO, ALMA INQUIETA…

Antes de empezar….

…..quiero ¡FELICITARTE!

¡ENHORABUENA!

¡Sí! ¡Estás aquí!

Soy muy feliz y estoy bendecida de tenerte en este trepidante viaje en dónde conocerás y reconocerás algo muy grande en ti.

Si estás aquí es señal de que ya estás en el camino. Puedo decir de ti que eres un alma inquieta con hambre de saber más sobre ti y tu mágico don.

Aunque el título de este libro sea "TU DON" podría interpretarse como que sólo es uno. Y así es, sólo tenemos un talento único y singular. Sin embargo, en este libro encontrarás más de un don; el don de sanar, el don de transformarnos, el don de materializar, y muchísimos dones más. Este libro tan sólo es una parte de los dones que te voy a mostrar en la trilogía **"TU DON"**.

> **El ser humano es capaz de plasmar todos esos dones y llevarlos a la práctica. Todos somos y formamos parte de un lugar bello, la tierra, y conectados a algo mágico, el Universo, Dios, Cosmos, Divinidad o como quieras llamarlo.**

Por tanto, si todo esto que acabo de nombrar es creador y el ser humano es creador, entonces ¿por qué nos resulta tan extraño entender que tenemos la capacidad de percibir nuestro don o dones? ¿Por qué pensamos que eso es sólo para algunos? No necesitas que nadie te cuente nada, sólo necesitas vivirlo.

> "Todos tenemos el DON de Sanar, Canalizar y encontrar nuestro Talento Único, es nuestra razón de existir."

Pensarás que esto es solo para los espirituales. Nada más lejos de eso es pensar que esto sólo es para ellos, para mí. Esto es para todas las personas que tengan inquietudes sobre su razón de vivir, sobre cómo encontrar el sentido aquello que hemos venido a hacer y a experimentar y qué lecciones hay detrás de cada desafío.

En este libro podrás encontrar mis años de experiencia, de estudio y las formas de hallar aquello que tanto te inquieta; sobre cómo sanar las heridas del pasado, restablecer aquello que un día se rompió o dañó y cómo encontrar la forma de vivir en armonía.

Este es el primer proceso para dirigirnos a nuestro propósito de vida. Hay que vaciar antes de llenar. Por tanto, en este primer libro te voy a enseñar a que desates el poder de sanar, **TU DON** de sanar tu vida.

La mayoría de personas no saben cómo sanar ni qué hacer en situaciones dolorosas, es por eso que quiero mostrarte como yo sané y me liberé de esas cargas tan grandes. De cómo conseguí ser quién soy ahora, con ese poder y don sanador.

Sanar no es más que restaurar algo que no está en equilibrio. Lo natural es estar en equilibrio; todo nuestro ser necesita estar en armonía, en plenitud, en la dicha de la abundancia en todos los sentidos. Además, nuestro cuerpo, alma y espíritu es capaz de regenerarse infinitas veces para encontrar la paz.

> Podríamos definir el don como ese regalo que poseemos, una bendición del Universo, pero también podríamos decir que es una habilidad o cualidad especial que alguien posee.

Así que ahora con esta definición ya no parece tan místico el tener un don ¿verdad?

Déjame hacerte unas preguntas:

¿Eres capaz de hacer manualidades y crear algo de manera diferente al resto de personas?

¿Podrías tramitar una gestión o ayudar a alguien de alguna manera diferente que los demás?

¿Sabrías cocinar un plato único diferente al resto de la gente?

¿Sí? Pues entonces tienes un don o varios dones. ¡Genial!

Pues eso, querida alma inquieta, es lo que quiero mostrarte en las siguientes páginas, pero esta vez no sólo podrás hacer todas esas habilidades que antes he nombrado, sino que ahora conocerás la gran verdad.

Veamos entonces....

Querida alma inquieta,

Si durante la lectura de este libro; en este viaje que estás a punto de iniciar hacia la sanación, sientes que debes compartir alguna frase que te inspire o recomendar el libro, hazlo.

Sácate una foto con el libro y compártelo en las redes: FACEBOOK O INSTAGRAM:

¿POR QUÉ LEER ESTE LIBRO?

ANTES DE EMPEZAR...

Antes de empezar a adentrarnos quiero darte los motivos de por qué leer este libro. Puede que aún estés dudando en seguir porque piensas que no eres de esas personas que se dejan embaucar con cosas de sanación y otras milongas.

Aún estás a tiempo de cerrar el libro y dejarlo en aquella estantería que ni miras, llenándose de polvo o con suerte cumpliendo la función de calzar esa mesa coja que en toda casa hay.

> *"La actitud es una pequena cosa que marca una gran diferencia"*.
>
> **Winston Churchill.**

Pero claro, estaríamos hablando de esas personas que lo dejan todo a medias o que se rinden antes de empezar, y tú no eres una de esas ¿no? ¿O tal vez sí? La cuestión es que seas o no esa clase de personas que abandonan a mitad de camino o ni siquiera empiezan, quiero felicitarte porque de una forma u otra has atraído este _poderoso libro_.

Sí, has leído bien, he dicho poderoso. No es que tenga poderes, sino que tiene el poder de desatar los tuyos. Aquello que aún desconoces y si lo conoces aún no lo has puesto en práctica por algún motivo.

Vamos entonces a descubrir los motivos por los que tienes que leer este libro....

El principal motivo es porque conozco tu *dolor*. Conozco todo aquello que te preocupa, todo aquello que te inquieta, lo que no sabes cómo resolver... y puedo ayudarte porque yo también pasé por ahí.

Pero si necesitas saber más motivos, te los digo encantada:

1.- Vas a **OBTENER CLARIDAD** para ver las decisiones que tienes que tomar en cada momento. No es fácil encontrar solo/a el camino cuando no ves claridad. Necesitamos tener un enfoque para dirigirnos a aquello que deseamos. Y enfoque sin claridad no sirve de nada.

2.- Tomarás **DECISIONES ADECUADAS** en función de los resultados que quieras tener. Es importante no sólo tener claridad, sino que además lo hagas de forma certera, ya que una decisión diferente puede tener otros resultados y quizás no sean los deseados.

3.- Tendrás **RESULTADOS ASOMBROSOS Y FACTIBLES** (visibles), con pasos prácticos para poder practicar contigo y con los demás. Los resultados dependerán también de tu FE, pero con unas buenas pautas tendrás unos resultados diferentes. Sólo tú puedes decidir hasta dónde llegar.

4.- Podrás **AYUDAR A MÁS PERSONAS** con tu conocimiento y expansión de tu potencial. Cuando obtienes los resultados que deseas y tu vida está en armonía, esa felicidad que desprendes tienes que transmitirla a la gente que te rodea. Es tu deber. Más adelante te contaré más sobre esto.

5.- Conocerás y explorarás tu **POTENCIAL SANADOR** a unos niveles profesionales. El dominio reconoce lo que tú ya eres. Expande tu corazón como si fuera una flor de loto.

6.- Serás tu **PROPIO/A TERAPEUTA** con resultados enfocados al acompañamiento. El sueño de toda persona, aparte de ser feliz, es poder solucionar todo por sí sola, ¿verdad?, pero para ello es estar al lado de personas que ya lo han conseguido, tus mentores. Entonces podrás disfrutar de ese aprendizaje y crecer en tu propia luz.

7.- Estarás **ACOMPAÑADO/A** de otras **PERSONAS** como tú y como yo que ya han desatado su **PODER**. No estás solo/a, nunca lo has estado y lo sabes. Pero, además, quiero que sepas que podrás contar con un grupo de personas con las que podrás compartir este viaje.

8.- AHORRARÁS ENERGÍA, TIEMPO Y DINERO para tu **EVOLUCIÓN**. Yo invertí en cursos, formaciones y eventos lo que tú tendrás en este libro. Simplificar no significa saltarse algún paso o coger un atajo, sino encontrar la manera más sencilla sin postergar ni complicar los procesos.

9.- Aumentará **TU CRECIMIENTO PERSONAL Y ESPIRITUAL** como todo ser que necesita trascender. Hemos venido siendo seres de transformación y eso es lo que debemos hacer para evolucionar.

10.- TE EXPANDIRÁS hacia el Universo para conectarte con un Todo. Agradecerás pertenecer es esta unidad y atraerás abundancia a tu vida.

Así que ahora que te he mostrado los "Por qué sí" ¿Aún sigues pensando en los por qué debería seguir?

Y yo te pregunto: ¿Por qué no? ¿Qué puedes perder? Total igual te lo han regalado o tal vez pienses que 20€ no es gran inversión y puedes permitirte abandonar ahora. Tal vez lo que estés pensando es que no es tu momento o que no estés preparado/a para lo que vas a leer. Incluso puedes pensar que no tengo nada de nuevo que contarte, que ya lo leíste todo sobre sanación y crecimiento personal o espiritual.

En realidad eres libre de pensar lo que quieras y decidir lo que crees que es mejor para ti. Quizás tengas razón en todas estas cuestiones. Pero yo te voy a dar un gran motivo por el que quizás nunca pensaste ni nadie te dijo...

Y es que eres un ser único y especial, no hay nadie más en el mundo que sea igual que tú, con tus mismas cualidades y dones; formas parte de una unidad, el Universo, pero eres un ser individual. Naces y mueres sin nada y todo lo que tienes y construyes lo haces en vida. Allá donde vamos y de dónde venimos no hay nada de lo que tienes aquí. No hay dolor es verdad, solo paz, pero tampoco hay satisfacción de vencer los desafíos y aprender de las lecciones que nos harán trascender. Allí hay la alegría y la gloria de saber que lo diste todo por aprender y enseñar lo pactado, y además de expandir aquello a lo que viniste hacer.

Este libro no es de ficción, este libro está basado en hechos reales y demostrados. No aprenderás a navegar en los mundos de "yupi" sino que vas a crecer, vas a evolucionar. Te explicaré paso a paso cómo encontrar la paz que necesitas. Es una metodología fácil y sencilla pero a la vez muy potente. Para ello he usado varias técnicas y métodos para conseguir grandes resultados y únicos.

Sí, únicos. Leíste bien. Y seguro que te preguntas: ¿Únicos? ¿Qué hay de diferente con otras sanaciones o terapias para sanar? Pues sí, querido lector, son únicos porque son métodos canalizados. Más adelante te contaré más sobre ello.

Y aunque hayas leído miles de libros y hayas hecho un montón de cursos se trata de ti, se trata de ese ser único, se trata de esa persona que está leyendo estas páginas. Yo he tardado mucho en descubrirlo y he tenido que invertir mucho dinero, para al final darme cuenta de que sólo leía y no llevaba a la práctica porque no sabía cómo hacerlo. Por eso estoy creando TU DON, porque he reunido lo que aprendí de todos esos libros y cursos más todo lo que he adquirido con mi DON para explicártelo de forma sencilla y práctica.

Resumiendo…

Sabes los motivos y las ventajas que tendrás al leer este libro. Cómo podemos solucionar ese problema que tanto se resiste y de manera única. Lo que estás a punto de descubrir no lo vas a encontrar en otros libros.

Si crees que ya lo tienes hecho todo respóndeme estas últimas preguntas:

¿Conseguiste aquello que siempre habías soñado?

¿Cuáles son tus resultados?

¿Eres feliz?

El 90% de las personas se rinden ante cualquier obstáculo o desafío porque piensan que no son capaces o que la vida les ha deparado eso. No son conscientes de que todo eso que están viviendo puede cambiar. Que todo lo que están sufriendo les hará crecer y que todo pasa por un motivo. Que la vida que puedes adquirir tendrá otros colores que jamás habías visto. Que escucharás las mejores notas musicales. Imagina cómo vas a sentir la calidez de tu corazón abrazándote lleno de alegría.

El 90% de las personas se perderán todo esto, porque el 90% de las personas eligen no ser felices.

¿Eres tú una de las personas que pertenece al 90%? o ¿ERES DEL 10% QUE DICE SÍ LO VOY A CONSEGUIR?.........

¿SÍ? NO TE ESCUCHÉ BIEN….REPITE!

¿Eres tú una de las personas que pertenece al 90%? o ¿ERES DEL 10% QUE DICE SÍ LO VOY A CONSEGUIR?.........

¡AHORA SI! ¡ENHORABUENA!

¡BIENVENIDA, ALMA VALIENTE Y TRANSFORMADORA!

EMPEZAMOS EL VIAJE…

¿Quién es Nuria Sala?

A lo largo de la vida siempre buscamos las respuestas sobre lo que nos sucede. Sentimos la necesidad de que alguien nos escuche, alguien que nos dé esa solución que necesitamos. No somos conscientes de que realmente nadie puede ayudarnos. En realidad sí. Nosotros mismos. En nosotros está la solución.

> **No busques en los demás, la solución está en ti.**

Pero tanto en la tierra como en el cielo, en lo físico o metafísico, en lo tangible o intangible, en lo material o espiritual, o como quieras llamarlo, existen seres que están dispuestos a ayudarnos, de una forma u otra, a esa comprensión, aceptación, transmutación, a ese cambio que necesitamos para coger las riendas de nuestra vida, a ser conscientes de que todas las respuestas están dentro de nosotros.

En mis años de vida he tenido miles de personas o seres de esos que he mencionado; grandes maestros que me han enseñado todo lo que soy a día de hoy. Unos me enseñaron a sanarme, otros a tomar decisiones, otros a canalizar, otros a empoderarme, otros a ser más fuerte, otros a valorarme y amarme. Cada uno de ellos está o ha estado en mi vida con una función distinta. Con una misión única que es la de llevar a cabo una lección.

<u>En este libro plasmo todo aquello que he aprendido sobre cómo sanarnos, cómo liberarnos de cadenas emocionales y cómo hacernos responsables de todo lo que nos ocurre. Este es el primer paso para conectarte con tu esencia y conocer tu propósito de vida</u>.

La Saga TU DON nace de todas las enseñanzas que he obtenido durante años. Nace de la verdad absoluta de mi ser. Nace de mi interior, de todo lo vivido y experimentado. Nace de la experiencia real, nada de ficción. Nace de mi vida.

Probablemente hayas tratado de llevarlo a cabo tú solo/a, pero ¿dónde te llevó eso? ¿Qué resultado obtuviste? Yo empecé así, queriendo hacer las cosas sola. Tenía intuición, sí, pero ni siquiera sabía que existía. Empecé a despertar con la espiritualidad y ahí me ayudó mi maestra en Reiki, después me seguí formando con profesionales para hacer más terapias y masajes. Más tarde comprendí que había olvidado una parte de mí, y como todo en el Universo, todo aquello que no lleves al equilibrio, no funciona. Así que me adentré a trabajar mi mente, las leyes universales y todos esos principios que también la ciencia los reconoce, a través del que es mi mentor actual y el que me ha llevado a escribir este libro.

En este proceso no sólo empecé aplicar las leyes, sino a crear el fundamento de la base sólida de todo aquello que ya había adquirido. Estaba aprendiendo a estar en comunión con mente, alma y espíritu.

Sería el principio del comienzo de mi nuevo renacer.

A lo largo de todos estos aprendizajes no sólo me formé e hice cursos, si no que leí todo tipo de libros de espiritualidad, crecimiento personal, leyes universales; libros sobre terapia regresiva, manuales para entender la fisiología, nuestra mente y muchos más. Leí a Brian Weiss, Deepak Chopra, Robert Schwartz, Javier Solana, Doreen Virtue, Osho y muchos más autores de libros de crecimiento personal, terapias y sanación.

Este libro es el resultado de más de 10 años de estudio e introspección y más de 38 años de lecciones y aprendizajes donde se muestra en qué forma lo conseguí, cuáles fueron mis pasos y cómo puedo ofrecerte lo que tanto tardé en averiguar.

Déjame contarte cómo empezó todo…

MI PRIMER DON

Cuando era pequeña soñaba con grandes cosas, soñaba con poder tener todo aquello que quisiera y ser feliz. En muchas ocasiones sentía algo diferente en mí, podía ver lo que ocurría en un futuro. Presentía que no estaba sola. Siempre he querido tener muchos amigos y que ellos jugaran conmigo. A veces tenía que llamar la atención para que mi hicieran caso, y es que nunca tuve la certeza de que me amaran.

Pasaban los años y sentía que no servía para aquello que me decían que tenía que hacer. Mi profesora del colegio, en una ocasión, les dijo a mis padres:

"Nuria es muy lista, tiene un buen coeficiente intelectual, pero no le da la gana de hacer las cosas".

En pocas palabras, mi maestra me llamo "vaga" o "floja". Ahí recibí una de tantas etiquetas impuestas por otras personas y además sin saber realmente el motivo que me llevaba a ser como era. Me sentía completamente fuera de lugar.

Es como si yo no perteneciera al mundo de los demás

¿Te suena eso? Pues imagínate yo que veía cosas *"distintas"*…

Podía ver cosas como algunos seres que no estaban vivos, podía ver situaciones impactantes, podía sentir el sufrimiento y el pedir auxilio de algún niño sin abrir su boca. Me he pasado media vida intentando saber qué me pasaba y porque mi mente, mis ojos y todos mis sentidos me plasmaban cosas que no eran reales.

En una ocasión, con veinte años, recuerdo despertar un domingo por la mañana; a media mañana, ya que en esa época solía trasnochar y dormir hasta cerca del mediodía en los fines de semana. Pues bien, esa mañana de domingo, aún en la cama y bostezando, a los pies de mi cama vi a mi abuelo.

Sí, ¡a mi abuelo! Os preguntaréis y ¿qué hay de extraño que un abuelo se siente a velar a su nieta a los pies de su cama? ¡Nada! No hay nada de extraño que estuviera allí, al fin y al cabo era mi "yayo", el hombre que me hacía reír con sus juegos, sus canciones tan curiosas y sus risas sin dientes, los paseos que hacíamos, cuando íbamos al campo y pasé una infancia maravillosa.

Pero la realidad era que hacía muchos años que no lo veía, falleció cuando yo tenía apenas unos 10 años. Así que ¿cómo podía ser que yo estuviera viendo a mi "yayo" allí sentado con su sonrisa sin dientes? ¿Por qué no fui capaz de abrir la boca ni moverme? Tan sólo podía parpadear. Así que del miedo tan grande que me invadió por todo mi cuerpo solo pude cerrar los ojos con todas mis fuerzas. Cuando volví a abrirlos había desaparecido.

¿Qué me estaba pasando? ¡Esto ya era demasiado para mí! Ya no solo veía y presentía cosas que iban a pasar o que habían pasado ya, si no que ¡ahora puedo ver a personas que ya no están con nosotros! ¡Increíble!

En ese instante descubrí que tenía un don.

No hablo de un don de videncia o mediumnidad, sino del poder que hay en mí y en todos los seres humanos de percibir, sentir e interactuar con nuestros guías espirituales y otros seres que nos acompañan, incluso seres fallecidos.

En mi caso era esto último lo que veía y aunque al principio tenía mucho miedo aprendí que tan solo son seres que necesitan trasmitir algún mensaje o simplemente no saben o tienen miedo del camino para marchar.

Más tarde descubriría a los guías espirituales, los seres que nos acompañan desde que nacemos hasta que morimos.

En mi siguiente libro de la trilogía os hablaré de las canalizaciones y algunos casos reales que me ocurrieron. No os podéis ni imaginar a cuántas personas se puede ayudar con esta información que se obtiene en las canalizaciones.

Y ¿qué quiero decirte con esta historia? Seguramente os preguntaréis ¿qué tiene que ver esto con el poder de sanar? Pues tiene que ver mucho, porque a raíz de esto fue cuando me di cuenta de que todo eso que sentía y veía era por un motivo, aunque no sabía cuál.

Entendí que eran mensajes del Universo o de Dios, y de los guías espirituales. Me hablaban de una forma muy especial para que yo entendiera mis lecciones, pero claro yo no podía verlo con claridad porque tenía el corazón dolido, mi alma estaba resentida, me había desconectado y no podía entender por qué había pasado por una situación tan dolorosa, por qué sufrí de malos tratos y abusos desde niña. Más adelante lo entendería todo.

MI REDESCUBRIMIENTO

Unos años más tarde de ese contacto con mi abuelo, volví a mi tierra.

En el momento que viví esa experiencia residía en su pueblo natal, un pueblo de la provincia de Córdoba de donde es toda mi familia materna.

Pues bien, una vez volví a mi tierra, en una ciudad de la provincia de Barcelona, me instalé de nuevo con mi familia y empecé a trabajar en una fábrica donde ya había trabajado.

Para esa época pensaba que solo podía optar en trabajar en fábricas ya que sólo tenía el título de auxiliar administrativo y ese puesto me aburría y lo detestaba. Así que fueron pasando los años y yo trabajaba en lo que podía o me iban llamando en las empresas de trabajo temporal y con suerte alguna empresa me contrataba directamente, aunque no duraba mucho el contrato.

Al fin encontré un trabajo bastante ameno y distraído de auxiliar administrativo en una autoescuela en la cual optaba por entrar más adelante como profesora que era mi sueño en ese momento y estaba preparándome para obtener el título. En esa época estaba saliendo con un chico que pasaría a ser mi marido al poco tiempo.

Ahora tenía lo que siempre había soñado.

Un trabajo fijo, con un sueldo fijo todos los meses, que aunque no fuera una gran cantidad para mí ya estaba bien, porque tenía mi marido que él ganaba muchísimo más que yo, una casa, todas las cosas que necesitaba, viajes y todo lo que me apeteciera.

Pero en el fondo empecé a sentir un vacío muy grande y desear lo que otras personas tenían. Veía que otras personas eran más felices que yo y eso me entristecía. Y entonces fue cuando empecé a sentir que toda mi vida no tenía sentido. Me di cuenta de que realmente tenía muchas carencias.

Había construido sobre tierras movedizas.

Había estado muy desconectada de mí y de Dios o el Universo, que siempre me habló y yo no escuché. Entendí que cuando somos pequeños y tenemos esas percepciones que yo había tenido es porque mi mente no interfería como cuando somos adultos.

> *Cuando desconectas de ti, desconectas de tu Ser, desconectas del Universo o Dios, desconectas de tus guías y de todos los seres de luz. En realidad siempre están ahí pero no puedes oírlos, ni ver sus mensajes, porque tu mente no lo permite. Pero jamás dejan de estar a tu lado y mostrarte el camino.*

Iba a una masajista hacerme masaje de espalda pues los dolores eran incesantes y muy profundos. Ella, no solo me hacía el masaje si no que me hablaba, me aconsejaba, me regañaba también jeje con el propósito de que abriera mis ojos y viera la realidad. Para que despertara de aquel sueño que estaba viviendo porque en realidad era una pesadilla disfrazada y que me había metido en la boca del lobo o como ella decía: "vives en una jaula de oro".

Al principio no la entendía, pero pronto la comprendería al 100%. Pasó a ser mi maestra de Reiki y con ella descubrí todas las razones por las que yo había vivido todo lo que viví y las lecciones que aprendí. Con ella tuve mi despertar.

MI CAMINO HACIA LA ESPIRITUALIDAD

Decidí divorciarme para encontrar mi camino, me sentía completamente perdida. Así fue como me adentré en la espiritualidad.

Continué trabajando en la autoescuela mientras aprendía todas las enseñanzas del Reiki e iba practicando sus técnicas.

Los dolores de espalda no era lo único que me preocupaba en mi salud, pues siempre he tenido desde muy pequeña infecciones, problemas en los huesos, en la sangre, en los oídos y un largo etcétera. Algunas de esas enfermedades eran más graves e incluso me tuvieron que extirpar varios bultos a lo largo de mi vida.

Pero eso no era sólo lo que me hacía infeliz…

El trabajo que tenía no era el que yo había soñado ni siquiera se parecía, tan sólo en poder atender a las personas. Enseguida se me desvaneció la ilusión de ser profesora y cuanto más iba profundizando en la espiritualidad más sentía que era mi camino. Pronto empecé a notar la escasez económica y no tardé en descubrir que mi vocación era ser terapeuta.

> **Creía que lo tenía todo, pero realmente no era feliz; se vio afectada mi salud, mi economía y mis relaciones. Y no sólo las sentimentales si no las amistades. Cuanto más profundizaba en la espiritualidad menos me sentía bien con las amistades que tenía.**

Así que llegó el momento en el que me despidieron de la autoescuela y decidí montar mi propio negocio. Ubicado en un pueblo cercano de la ciudad donde vivía, un pequeño local pero muy bien condicionado para lo que necesitaba.

Durante los años que estuve en la autoescuela no solo aprendí Reiki, sino que también obtuve el título de estética integral y de masajista. Así que cuando monté mi negocio opté por ofrecer todos los servicios posibles con todo lo que había aprendido.

Lo creé todo con mucha ilusión pero sin ninguna experiencia y eso me jugó malas pasadas, aunque aprendí mucho.

Mi negocio fracasó y tuve que cerrar. ¿Pero cómo podía ser? Yo le dedicaba muchas horas al día, tenía formación, un sitio bonito, cálido y armonioso. Entonces ¿qué pasó? Sencillamente que aún seguía dando tumbos sin rumbo; no me focalicé en mi propósito, relaciones que no eran sanas y toda una serie de experiencias desencadenadas del pasado.

Mi profesión como terapeuta holística es muy gratificante y todo lo que hago me fascina, pero realmente mi misión de vida va enfocada a la sanación, a la canalización y propósito de vida, es decir, mi misión es que encuentres TU DON. Por eso todo lo que hice hasta ahora parecía ser un fracaso y es que no estaba dirigida ni guiada. Y a pesar de que con el Reiki empecé a tener más contacto con mis guías y en mi centro de terapias pude tener muchos contactos con ellos y otros seres, no entendía nada.

Y ¿por qué? Pues porque aún no había sanado. Todo me sirvió, no fue en balde. No hay fracaso en sí, sino experiencias que te llevan allí donde quieres ir. Pero eso sí, si tomas atajos o intentas tapar, ya se encargarán de que vuelvas al punto de inicio para que lo sanes.

Y es así porque tengo la prueba más grande de que es así, doy fe.

EL PASADO SIEMPRE VUELVE

Después de cerrar mi negocio, estuve colaborando en otros centros y estaba contenta, pero sentía que algo me faltaba como siempre. Llevaba un tiempo hablando con un chico. Había sido un antiguo novio que tuve cuando viví en el pueblo de mi familia materna. Sí, allí donde vi a mi abuelo.

La verdad que fue un amor increíble lo que yo sentía por aquel chico y empezamos a tener cada vez más contacto y acercamiento. Esta vez, 15 años después de la primera vez que salimos, era todo mucho más intenso. Así que decidí irme al sur de nuevo y emprender una relación de nuevo con él.

Allí también me he dedicado a las terapias. Primero fui a Granada a vivir y luego al pueblo de donde era él, de donde es mi familia materna. Durante esta relación, el tiempo que hemos estado juntos, ha sido maravilloso, aunque seguía sintiendo que algo me faltaba. ¿Quizás un hijo?

Estuvimos un año intentando quedarme embarazada y nada. ¿Por qué? La verdad, no entendía nada de nuevo. Trabajaba en algo que me gustaba aun así no tenía apenas clientas, tenía una relación de pareja estable y no podía ser feliz del todo porque me faltaba algo y bueno mi salud no es que fuera de hierro y tenía que ir al médico constantemente.

Entonces con tantos porqués empecé a canalizar unos símbolos que no sabía para qué servían. Los anoté y esperé respuesta. A los pocos días vi un vídeo por las redes de un chico que hablaba del alma y sus dimensiones. Me llamó la atención y conseguí uno de sus libros.

Cuando lo cuestionas todo, vienen las respuestas.

Ahí fue cuando me di cuenta, entre esas líneas, del error que había cometido todos estos años. No me di cuenta de que tenía que perdonar y sanar algo en mí. Y siempre trataba de encontrar salvadores para mí, sin darme cuenta de que yo tenía el poder de sanarme yo, de conseguir la abundancia que tanto he deseado, de tener las relaciones que se basan en el amor, de ser la persona más saludable del planeta y con gran vitalidad.

Ese libro me transformó y me liberó, pero fue en el evento del mismo autor del libro donde rompí las cadenas.

Poco tiempo después decidimos mi pareja y yo irnos a mi tierra en busca de algo mejor para los dos. Una aventura que duró poco tiempo.

Una vez instalados y empezando este proyecto de escribir mi primer libro, empezó a ir mal la relación. Aunque en realidad siento que allí en Andalucía ya estaba mal, pero no quise verlo. Seguí y una vez establecidos en Barcelona todo empezó a desmoronarse.

La energía era densa. Él tenía ansiedad y yo tenía que prestar atención a mi nuevo proyecto. Así que llegó un día que todo explotó y se rompió. Con gran dolor y con los peores días de nuestras vidas nos dijimos adiós. Él se marchó de nuevo a su casa en el pueblo. Y yo de nuevo sola junto con mi padre que es donde siempre he vuelto después de los fracasos sentimentales.

Agradezco enormemente esta relación porque me enseñó mucho y sobre todo a darme cuenta de que volví con él porque había pendiente una sanación de abandono o desolación no sanada. Además de darme cuenta que la base sólida de la relación no está en apoyarse en el otro sino en caminar juntos. Así que debía tener mi propia base sólida para luego tener una relación basada en el amor. Hoy en día tenemos una relación de amistad y respeto, desde la comprensión.

Así que, ¿qué podía hacer yo después de todo este dolor? Pues escribir. Y aquí estoy. Así que puedo decir que la mejor sanación que hay es la escritura.

Me puse a pensar en todo lo que había sucedido. Revisé bien toda mi vida.

De todo esto deduje la verdadera conclusión; y es que aprendí que debía sanar todo mi pasado y todo lo que había sucedido cuando era apenas una adolescente. Sí, quise tapar con esa felicidad falsa y esconder algo terrible que me pasó hace ya 20 años y que me ha costado mucho no sólo entender, sino sanar. Pero mi alma me hablaba a gritos y al fin la he escuchado.

ALGO TERRIBLE QUE CAMBIÓ MI VIDA

Si crees que has leído lo más fuerte aún viene lo peor…

Volviendo a mi adolescencia y a mi primer don, recuerda la parte en la que te cuento lo que veía de pequeña y luego cómo cuando tenía los 20 años fue a más ¿verdad? Pues bien, mi gran lección de vida está detrás de un gran desafío…

Cuando aún no tenía los 15 años conocí a un chico de 16 años, fue mi primer novio, mi primer amor y mi gran maestro. Con él pasé mis años de juventud, de adolescencia. Con él pasé mis más dolorosos años de mi vida. Estuvimos saliendo más de 5 años.

La relación con él al principio fue muy bonita; un chico atento con ganas de verme, querer estar conmigo todo el rato, un chico aparentemente alegre y con ganas de vivir. Pronto se desvanecería ese sueño. Pronto empezaron los empujones y los insultos. Un tiempo después me vi envuelta en una relación dañina y poco sana. No entendía nada, si yo era educada con él, le quería, ¿por qué me pasaba todo eso?

Pero seguí...Poco tiempo después iría a más, sería la peor pesadilla de mi vida. Se trasladó a vivir donde vivía yo porque él era de otra ciudad y se vino a mi casa, donde fui presa en aquel lugar donde yo llamaba hogar. Ya estaba desestructurado porque justo cuando yo empecé con él, mis padres se separaron. Fue todo muy doloroso porque tuve que irme a vivir con mi padre por ser la mayor de mis hermanas y así lo decidieron. Ni siquiera eso pude escoger.

Pero sabes, esto no es lo único que me sucedía. En el cole empecé a tener muchos conflictos; muchos compañeros de clase se burlaban de mí, tenía malas notas y siempre me daban de lado, me excluían y no me invitaban a las fiestas de cumpleaños. Yo intentaba llamar la atención tanto como podía, no me sentía querida.

Para esa época mi madre estaba con una depresión muy grande, tenía muchos ataques de nervios y todos corríamos a estar pendiente de ella. Mis hermanas y yo lloramos mucho porque no entendíamos nada. Poco después se separarían mis padres y los abusos aumentaron; mis compañeros, en el instituto, me acosarían y mi pareja empezaría a maltratarme.

> **Cuando te amas a ti mismo no temes por lo que pueda pasar, pues solo llega amor a tu vida.**

Con el tiempo los empujones fueron golpes, los insultos eran humillaciones brutales, y yo cada vez me hundía más en el pozo. Al final decidí dejarlo y cuando él presintió lo que yo quería hacer ya no solo eran golpes, sino que los abusos fueron a más...

Yo me dejaba hacer de todo por miedo a sus represalias y que aún fueran peores las consecuencias, así que me dejaba...con lágrimas en los ojos dejaba que aquel chico que tanto me gustaba y tanto quería, hiciera de mí todos los actos más despreciables que podía hacerme.

No solo quedó ahí la historia, sino que lo más terrible fueron sus consecuencias....

Las peores consecuencias que puedes tener, es dejar que todo pase sin hacer nada.

He estado 20 años de mi vida culpándome por tomar la decisión más dura de mi vida. Tuve que elegir entre mi vida y la vida de mi hijo. Sí, así de duro y así de doloroso fue. Fruto de esos abusos me quedé embarazada. No sabía qué hacer, pero lo que sí tenía claro era que sus intenciones no eran buenas. Nos esperaba a mí y mi hijo el peor futuro de nuestras vidas.

Hablé con él y decidimos no continuar. Interrumpí mi embarazo. Jamás me perdoné hasta hace poco tiempo, cuando por fin se me desveló el real motivo de la llegada de ese hijo no nacido. En las siguientes líneas te contaré de qué manera. Además comprendí el verdadero significado del alma para un ser no nacido.

Se necesita mucho valor para tomar decisiones muy duras. Pero si se te presentan en tu vida, es que debes ser valiente.

Ahora que estás leyendo esto, y especialmente si eres mi familia o amigos, quizás me estés juzgando y diciendo que soy la peor persona del mundo, que soy muy egoísta y que no soy nadie para decidir sobre la vida o la muerte.

No te preocupes, ya me he encargado durante 20 años de mi vida en juzgarme y ser dura conmigo misma. Puede también que te hayas ofendido por no contártelo o compartido ese dolor contigo, pero es que no tuve valor. Ahora lo tengo y es el principal motivo por el que estoy escribiendo estas líneas y este libro.

> **No hay peor castigo que autojuzgarte**

EL MOMENTO MÁS REVELADOR

Después de pasar por el evento más impresionante de mi vida, ¡VUÉLVETE IMPARABLE! de LAIN GARCÍA CALVO me transformó mi vida. Pude perdonarme y pude entender por qué me pasó todo lo que me pasó y todas las decisiones que tuve que afrontar yo sola.

En el evento se hicieron varias meditaciones y una de ellas fue conectar con nuestro niño interior y ahí fue cuando conecté con el alma de mi hijo no nacido y él me dijo que su misión fue precisamente la que se llevó a cabo.

Me dijo que vino con la misión de que yo tomara, por una vez en mi vida, la decisión de pensar en mí, de mi voluntad, de mi felicidad. Que él venía para que fuera la persona más fuerte del planeta, que sacara las agallas y que pensara en él y en su futuro. Las palabras que yo escuché fueron: "mamá, no llores más que yo vine para que tú decidieras por ti, fueras valiente de dejarle y por fin te liberaras de él".

Imagínate qué le podría esperar a ese ser. O quizás no. Eso no lo podemos saber. Pero la cuestión es que fui muy valiente y tomé una decisión por mí misma. Fue tan revelador que sentí mucha paz al ver que el alma de mi hijo no sentía resentimiento contra mí.

Pocos días después y volviendo a escuchar la canción de la meditación y con un dolor desgarrador pude terminar de sanar las heridas. Le escribí una carta de perdón y él me contestó. Pude canalizar su respuesta y le hice una promesa; daría mi testimonio a miles de personas para que pudiera ayudar a todas esas personas que pudieran pasar por mí misma situación o parecida. Esas personas que están sufriendo ahora mismo, deseo de todo corazón que encuentren la valentía de decidir, de elegir.

Nuestra alma busca siempre el equilibrio y cuando no lo tiene intenta restablecerlo.

¿De qué manera?

Pues no lo sabía hasta que leí un libro en el cual el autor habla de que antes de nacer hay unos pactos que se llevan a cabo a lo largo de nuestras vidas. Se llaman acuerdos prenatales y se hacen con nuestro grupo de almas. Ahí descubrí que yo había pactado mi maltrato, los abusos y todo lo que me había pasado antes de nacer con el alma de este chico.

Quiero explicarte que después de tanto tiempo castigándome por lo que *"hice"* pude descubrir que realmente los abortos son esos pactos que tenemos y que los hacemos antes de nacer. Igual que se pactan todas las lecciones con nuestro grupo de almas, así sucede con los abortos, no dejan de ser las mayores lecciones de supervivencia que existe. Sea voluntario o no, es un pacto.

De todo ello te quiero hablar en los siguientes capítulos donde te contaré cómo sanar y restaurar el equilibrio de nuestra alma. Cómo restablecer lo que los budistas llaman karma.

CUMPLIENDO CON MI PROMESA

A casi 40 días después del evento más impactante de mi vida, tomé la decisión de cumplir con mi promesa, la que lo hice a mi hijo. Recibí un mensaje con la canción de esa meditación y ahí fue cuando sentí la llamada de que debía explicar mi historia en este libro.

No solo estoy aquí, contándote a ti y todas las personas que leerán este libro, mi testimonio tan duro sino, que además, tengo la intención de dar mi testimonio a millones de personas más. Quizás eventos, conferencias o talleres, no importa. Mi misión es que llegue este mensaje a todo el mundo.

Y de verdad me gustaría llegar a más personas que estén pasando por esto para que sean valientes. Pero no sólo para que sean felices y sanen su alma sino que para que entiendan de verdad "por qué" han pasado o están pasando esta experiencia tan dolorosa.

Todo, absolutamente todo lo que nos sucede lo hemos planeado antes de nacer.

Y según esos pactos así experimentamos.

Por eso influye en las decisiones que tomamos y todo lo que atraemos a nuestra vida.

Así que, después de mucho posponer este delicado testimonio y tras sanar de manera tan brutal, de haber escrito aquella carta a mi hijo no nacido y él contestarme, decidí que era el momento, otra vez, de ser la mujer más valiente del Universo.

Enfrente de mi ordenador con mi corazón abierto, salieron y brotaron aquellas palabras de manera fluida, rompiendo por fin con esas cadenas de sufrimiento y de culpabilidad y además cumpliendo con mi promesa de expandir mis lecciones a través de ese testimonio y poder ayudar a miles de personas que están pasando por esa misma situación.

Mi sorpresa fue cuando recibí contestación del Universo…

RECIBIENDO BENDICIONES

A partir de ese instante de tomar la decisión de escribir mi historia tal cual, sin tapar ni esconder nada, empecé a recibir bendiciones.

Compartí con otras personas la intención de contar mi verdad. Muchas emociones guardadas durante tanto tiempo iban a salir. Iba a liberarme. Y todas esas personas se emocionaron al saberlo.

He recibido muchas felicitaciones por mi valentía y están deseando leer este libro. Quieren tener mi obra entre sus manos, ¡es una gran bendición! ¡Aún no me lo puedo creer! Pero así es. Detrás de cada acción de superación hay una bendición.

Ahora soy yo la que quiero bendecirte con todo lo que he aprendido y he adquirido con mis canalizaciones. Quiero sorprenderte con esa magia de sanar toda tu esencia, y será tan mágico y tan sencillo que te creerás que estás en un sueño.

Me alegro por decidir ser feliz y por haberme amado. De haber tomado esas decisiones tan duras y sobre todo por haberme liberado de esa culpa y llenarme de paz mi alma, comprender a los demás desde el entendimiento y el perdón.

Como puedes imaginarte, la alegría tan grande que siento de saber que muchas personas de mi alrededor cuentan conmigo para ayudar a otras mujeres y así poder cumplir con mi palabra, con aquello que me comprometí con mi hijo. También deseo que cobre conciencia todo el mundo de tomar todas las decisiones que les haga felices.

Pero esas no fueron las únicas bendiciones que me llegaron esos días, no. Tuve muchísimas más...Te las iré contando…

**Cuando tú haces tu parte, el Universo hace la suya.
Te manda grandes bendiciones.**

Cuando das sin esperar nada a cambio, llueven las bendiciones y por todos los lados, multiplicadas.

Cuando te adentres a este mágico libro encontrarás todas las bendiciones que yo he tenido y que tú también tendrás.

Y tú, querido lector, estás contribuyendo que esto sea posible, ya que un porcentaje de este libro está destinado a ayudar a esas personas a salir de esa situación.

¿ME ACOMPAÑAS?

DESPUÉS DE TANTAS REVELACIONES Y TANTAS BENDICIONES...

Me gustaría saber si me quieres acompañar en este viaje.

Yo ya te he contado los motivos que me llevaron a aprender y estudiar todo lo que me estaba sucediendo y el por qué sucedían estas cosas. También te he dicho que te explicaré paso a paso cómo ayudarte durante tus procesos. Pero debo decirte que ese camino lo debes hacer tú solo/a, porque en esta curva de aprendizajes y lecciones cada uno/a tiene la suya.

En todos estos años he aprendido de forma muy lenta por no encontrar o hallar la forma de entender los mensajes y no escuchar mi alma que me gritaba. Hoy puedo decir que no solo estoy conectada a ella y al Universo, sino que además sé que es lo que debo hacer.

Puede que tome alguna decisión equivocada, pero en realidad no existen decisiones equivocadas, sólo creencias que te limitan, el alma dolida y desconexión con el Todo.

Por eso, querida alma inquieta, después de tantos años de estudio y de saber qué es lo que me ocurría y querer llevar una vida plena, he llegado a la conclusión de que para encontrar mi propósito de vida tenía que conectar con mi Yo Superior o Yo Espiritual y no podía acceder a él si no entendía los mensajes del Universo. Y no los entendía por la sencilla razón de que no había sanado mi alma, no conocía ni sabía cómo mi mente me llevaba a los resultados que no quería.

Así que antes de nada debemos SANAR.

Cuando nuestra alma está llena de rencor, dolor, ira y nuestra mente de pensamientos negativos y creencias limitantes no podemos acceder a la unión con nuestro Espíritu para reconocer lo que somos, nuestra Divinidad, lo que hemos venido a cumplir, nuestra misión, nuestro propósito de vida.

Así entonces pasemos a reconocer y conectar con nuestro DON de SANAR....

Un pequeño regalo para ti

ELIGE UNA CARTA

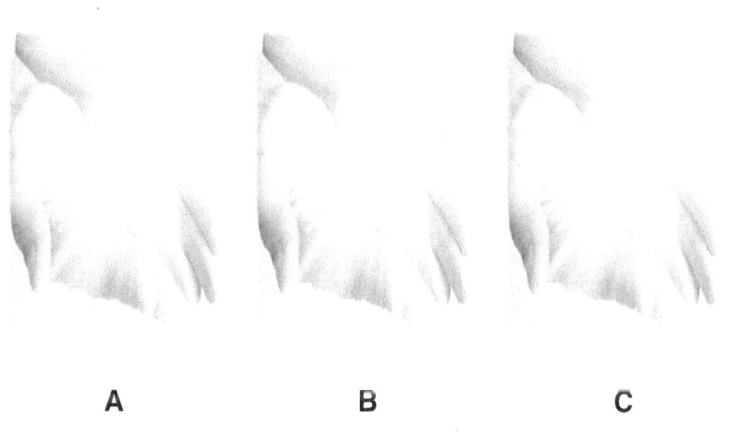

Ahora descubre su mensaje:

A.- Si elegiste esta carta: Eres perfeccionista, te gusta que todo salga bien. Tu mente, a veces te juega malas pasadas por realizar todo de forma tan metódica. En ocasiones no disfrutas tanto del presente y no te permites disfrutar ni divertirte con todas las experiencias. Pero tu lado más tierno te conmueve todo lo que la humanidad padece y eres solidario/a con todas las personas que necesitan ayuda. Tu pasión puede ser artística pero debes desarrollarla más pues con tanta preocupación no sale a la luz.

B.- Si elegiste esta carta: Tu mente racional te dice no lo hagas, tu corazón dice que sí. Ese conflicto sueles tenerlo muy seguido y es porque no escuchas lo que tu alma te grita. Mantente alejado/a de los gritos externos y de las voces que no te dejan avanzar, tú sabes lo que necesitas.

Está en ti. Eres armonioso/a y tienes sensibilidad hacia los seres que te rodean. Conectas con tu esencia y eres pura vibración de sonidos musicales y espirituales.

C.- Si elegiste esta carta: Tu paz brota por los poros de tu piel. En ocasiones, puedes sentirte desconectado/a del mundo y las circunstancias porque experimentas demasiadas sensaciones espirituales y extrasensoriales. Despierta de ese mundo que ahora mismo te rodea pues como ser terrenal debes vivir otras experiencias. Quizás estás mucho más cómodo en ese lugar pero déjame decirte que no es un lugar de protección el que necesitas. Vive todas las experiencias.

¿Te sorprendieron estos mensajes? Quizás dijiste: esto no va conmigo, no tiene nada que ver. Puede que sea así, pero te invito a que sigas explorando tu interior para descubrirlo por ti mismo/a.

¿Cómo usar este libro?

PASO A PASO...

Cuando empecé a obtener respuestas de todo lo que había experimentado fui aprendiendo poco a poco, todos los procesos por separado.

Primero empecé por trabajar mi parte más espiritual; creé conciencia, después tuve una evolución, una transmutación y luego llegó el cambio.

Con el paso del tiempo he aplicado estos pasos en todas las áreas. Cuando creé el equilibrio entre lo espiritual y lo material, entre lo tangible y lo intangible, entre lo terrenal y lo universal, todo empezó a fluir.

Así que la primera recomendación que voy a darte de cómo usar este libro es que

---

Siempre lo lleves todo al equilibrio.

Mientras estás en la lectura del libro posiblemente te encuentres con cosas poco creíbles para tu mente racional. Puede que digas que esto no es para ti, pero si tienes este libro entre tus manos no es casualidad, es **CAUSALIDAD**. Así que, no te pido que creas ciegamente en todo lo que te digo, sino más bien quiero que lo **COMPRUEBES TÚ MISMO/A** y verás los resultados.

JUNTOS LO PODEMOS CONSEGUIR

Hasta ahora, cuando he tenido que atender a alguien en consulta, siempre ponía todo de mi parte en conseguir lograr los resultados que quería. Eso está genial ¿no? Sí, por supuesto. El problema está en que para que ser resuelto un problema, sanar algo interno, cambiar las situaciones o cualquier cosa que deseemos tiene que haber la implicación de todas las partes relacionadas.

Es como si en una relación de pareja solo fuera uno de los dos el que diera el amor, propusiera una escapada, mantuviera la llama del amor, etc. Es absurdo, ¿verdad? Pues en cualquier proceso tiene que haber **IMPLICACIÓN**.

En los años que llevo como terapeuta, me he encontrado con algunos casos que no he obtenido los resultados que quería. En Reiki siempre digo que somos sencillamente unos canales por los cuales a través de nosotros pasa la energía universal. Pues en mis sesiones de terapias, ahora aplico esta LEY.

El terapeuta no es más que un canal, es un *BAÚL CON HERRAMIENTAS* que te será de utilidad para tu transformación. Pero tú serás el que hagas la parte más dura y más grande. Porque se trata de ti. Tu IMPLICACIÓN será INDISPENSABLE para tu sanación y para cualquiera que sea tu proceso.

EXPRIME

En cada capítulo, en cada apartado de este libro te voy a ir dando ideas, tips, ejercicios, juegos, etc., que puedes practicar. En cada práctica te irás haciendo más consciente de qué es lo que hasta ahora no había hecho y que ahora ya sabes cómo hacerlo. Así que, exprime bien el libro para sacarle todo su jugo. Cuanto más lo hagas más beneficios obtendrás.

Empieza:

- Con **lectura rápida** para ver qué conceptos hay y cómo te sientes con ellos.

- **Párate** en los ejercicios y pasos que te voy a ir marcando.

- Posiblemente, tendrás que volver a **releer** el **capítulo**. Detente y hazlo.

- Durante la lectura, puede que te salgan dudas, **consúltame** con un email y yo encantada te atenderé.

- **Subraya** lo que creas más importante y **toma apuntes.** Ten una libreta a mano.

Como ves, este libro no es de entretenimiento, ni es de aventuras ni nada por el estilo. Este libro es un manual con instrucciones para tu evolución. Si no obtienes los resultados que deseas, una vez leído y practicado este libro, quizás sea el momento de analizar por qué no lo conseguiste. Probablemente exista alguna resistencia que no te permita ver con claridad los pasos a seguir.

Pero no te preocupes también para eso tengo una solución. Una buena noticia. Escríbeme y **JUNTOS LO CONSEGUIREMOS**.

TE RETO A UN JUEGO

A JUGAR...

Cada día por la mañana durante los siguientes <u>30 días:</u>

- Antes de levantarte hacer una <u>respiración profunda</u> y sentir desde el fondo de tu corazón cómo vibra y **decir en voz alta: "Hoy será un día lleno de bendiciones".** Luego incorpórate.

- Ve al baño, **mírate al espejo y sonríete.** Siente que eres la persona más especial y maravillosa que conoces. Siente cómo brota un amor puro hacia ti.

- **Agradece 3 veces** por los milagros que sucederán durante la jornada. Dando por hecho que así será. Anótalos. Gracias, gracias, gracias.

Ahora disponte a proseguir con tu día y disfrutar de todo lo que llegue a ti. No juzgues ni cuestiones lo que vaya a suceder, simplemente déjate llevar, como si de UN JUEGO SE TRATARA.

¿Aceptas?

¿Sí?

¡Enhorabuena! ¡¡¡Acabas de empezar a IMPLICARTE en el Poder de Sanar!!!

Pasados los 30 días….

Comparte conmigo TU JUEGO, comparte tus milagros…

Escríbeme a mi correo electrónico: nuriasalabergillos@gmail.com

¡¡¡TE ESPERAN GRANDES BENDICIONES!!!

Escríbeme a mi correo electrónico: nuriasalabergillos@gmail.com

¡¡¡TE ESPERAN GRANDES BENDICIONES!!!

El Poder De Sanar Tu Vida

1er PASO

DESCUBRE LA VERDAD

CONOCE LA VERDAD

Durante todos mis años de estudio e investigación sobre todo lo que me ocurría, y sobre todo lo que me gustaba e interesaba, saqué muchas conclusiones que fueron infalibles.

Pero lo que en realidad me ayudó es la conexión con mis guías, con Dios o Universo y todos los seres que nos pueden ayudar en nuestro caminar.

De ellos saqué las conclusiones de que todo lo que vivimos lo hemos acordado antes de nacer y que lo que nos lleva a esas situaciones que no deseamos es tan solo una lección o aprendizaje de lo que nuestra alma eligió.

No sólo son mis guías los que tienen esa información. En el libro del Psiquiatra Brian Weiss "Muchas vidas, muchos maestros" habla sobre los maestros y de todas las lecciones que tiene que aprender de vida en vida. Otro libro interesante es de Robert Schwartz "El Plan de tu alma" y en él cuenta a través de especialistas médiums cuáles son los planes prenatales que tienen cada uno de los protagonistas del libro.

Puede que te resulte extraño todo esto. En especial si nunca oíste nada parecido, pero si estás pasando por muchas dificultades o enfermedades déjame felicitarte:

¡Enhorabuena!

Dirás que estoy loca ¿verdad?

¡No lo estoy!

Si estás en un momento difícil es porque tú elegiste vivirlo para experimentar, para restablecer tu alma, para aprender esas lecciones.

Si estás pasando esos momentos tan dolorosos, tú elegiste.

Elegiste el camino de la transformación, con todos sus desafíos y sus bendiciones. Elegiste ser más fuerte. Elegiste cambiar tu trayecto.

Y ¿Sabes por qué?

Porque eres una alma valiente.

Eres luz que viniste a proyectar aquello que deseas aprender. Y con ese aprendizaje evoluciona tu espíritu, tu alma y todo tu ser.

Eres luz y amor que proviene del Universo. Eres una estrella de luz que proviene de él y eres capaz de crear lo mismo que él.

Déjame darte de nuevo mis más sentidas felicitaciones.

¡FELICIDADES!

¡ERES UNA ESTRELLA VALIENTE!

Así que a partir de ahora, cada vez que me dirija a ti te llamaré ESTRELLA VALIENTE.

Y como eres una alma valiente y tengas hambre de saber más, seguramente te estés preguntando qué hay en este libro ¿verdad?

Pues vamos a ello...

¿QUÉ TE VAS A ENCONTRAR AQUÍ?

TODO LO QUE DEBES SABER…

Lo primero que quiero que sepas es que el objetivo real de esta trilogía es que encuentres tu misión de vida y puedas vivir tu vida plena y feliz.

Para ello tienes que hacer lo que nunca hiciste hasta ahora. Y ¿por qué? Pues porque si no ya tendrías aquello que tanto deseas. Así que tenemos que cambiar y hacer todo distinto para que esta vez, por fin, lo logres.

Como ves hay mucho por hacer y es por eso que debemos empezar por sanar mente, alma y por último espíritu. Una vez sanado entenderemos esos mensajes y tendremos comunicación de forma más fluida con el Universo o Dios y nuestro Yo Superior para lograr aquello que tanto deseamos.

En este primer tomo **"Tu Don, el PODER de Sanar Tu Vida"** te llevará a entender la importancia de sanar, cómo funciona nuestro ser, qué somos y cómo podemos cambiar las situaciones que no queremos, reflejaremos y llevaremos a la materia todos los planos del ser humano.

En el segundo tomo **"Conciencia SUPERIOR, Mensajes del Universo"** te enseñaré la manera de cómo interpretar los mensajes del Universo, de tu Yo Superior, de tus guías espirituales y de otros seres de luz. Somos un canal. Canal de luz y amor. Somos energía y como energía debemos transformar todo lo que queramos. Somos alquimistas de nuestra vida.

En el tercer tomo **"Talento ÚNICO, Tu Misión de Vida"** te mostraré el camino a seguir para culminar aquello para lo que viniste; tu propósito de vida o lo que los budistas llaman "Dharma". Para ello tendrás tres procesos que tendrás que llevar a cabo; conectar con el YO ESPIRITUAL o YO SUPERIOR, encontrar tu don o talento único y ponerlo al servicio de la humanidad.

Te repetiré varias veces durante la lectura que es posible que no me creas o que te parezca extraño lo que te digo. Es normal, piensa que siempre estuviste haciendo lo mismo durante años y vengo yo y te rompo todos los esquemas. Además está la alarma de tu mente y eso, querido lector, debes tenerlo presente siempre.

No trataré de persuadirte, pero debes entender que si no has logrado resultados, o por lo menos no eran los que esperabas, es porque nunca pensaste que podía haber otra variante de percepción y que si hay personas que lo han conseguido es porque estas variantes son las que de verdad funcionan. Y entonces,

¿Por qué no probarlas?

Tú tendrás las claves y datos para tener resultados rápidos. Estarás tan seguro/a de todo lo que habrás aprendido que todo el mundo se asombrará e incluso querrán saber cómo lo has hecho. Serás un alma feliz y tendrás la llave para sanar todo aquello que un día fue dañado. Y no sólo te sanarás tú, sino que sanarán todos tus seres queridos. **Porque cuando un ser sana, sana todo su linaje y los que le rodea. Tu familia y amigos serán bendecidos con tu sanación, serán agradecidos con TU DON.**

Ya hay personas disfrutando de todo ese aprendizaje gracias a un programa que he creado para conocer tu propósito de vida, las cuales han pasado por el proceso de mente, alma y espíritu y están obteniendo grandes resultados. Más adelante te hablaré de esas almas valientes y transformadoras.

Al final del libro te regalaré una gran sorpresa….

Resumiendo…

Las deducciones que he obtenido son que primero hay que sanar cuerpo-mente, alma y espíritu, luego entenderemos mejor los mensajes del Universo y aprenderemos a canalizar y a utilizar la intuición de manera asidua y cuando lleguemos a esa comprensión y asimilación, conectaremos con nuestro YO SUPERIOR de una manera más fluida, donde hallaremos nuestro **DON O TALENTO ÚNICO** para luego ponerlo al servicio de la humanidad. Este es el proceso que hay que seguir para encontrar tu propósito de vida y es el proceso que te voy a exponer paso a paso en toda la trilogía "TU DON".

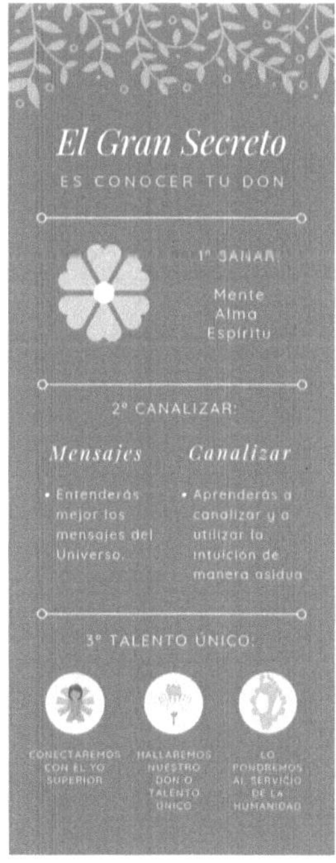

Tú eres una gran estrella valiente que desea transformar su vida y para ello te voy a dar las mejores herramientas que a mí me ayudaron.

La clave está en…

LA TRANSFORMACIÓN DE LA ENERGÍA

LA CLAVE

¿Sabes qué es la energía?

Puedes encontrar múltiples definiciones de energía pero yo te lo voy a simplificar:

La energía es aquello por lo que está compuesto *todo*.

Cuando digo todo es todo. Todo está formado de energía, tú, yo, los objetos, el mar, el cielo, tu casa, el coche, la comida, todo, absolutamente todo, está compuesto de energía. Incluso las situaciones, palabras, pensamientos. etc.

Los guías espirituales, Dios, el universo, tu yo superior son energía. Y esta energía aun es más pura, limpia y potente que la que manejamos aquí en la Tierra.

Y todo se mueve por energía.

Cada movimiento que hacemos es un cambio de energía de un lado hacia otro. Y ¿cómo lo hace? Pues a través de la vibración. Cada cosa, persona, o lo que conlleve energía, vibra en una frecuencia distinta y es eso lo que nos hace estar más cerca o más lejos de todo, es decir de otras personas, objetos o situaciones.

La clave para acercarnos aquello que deseamos es la TRANSFORMACIÓN de esa energía.

Todo, absolutamente todo, es energía y toda energía se puede transformar.

La energía comprimida se convierte en materia, por eso podemos decir que, si enfocamos mucha energía en aquello que deseamos modificar o transformar podemos lograr llevarlo a la materia. Y no soy yo la única que lo dice, Einstein, entre otros científicos, lo pudo mostrar.

Para ello necesitamos algunos pasos que no debemos saltarnos. Parece muy fácil y en realidad lo es, pero debes saber que no puedes tomar atajos. Tu mente te llevará a tomarlos y ahí está tu parte, la que debe involucrarse sí o sí a pesar de los obstáculos de nuestra mente.

Te voy a decir un gran secreto muy fácil y que nadie se da cuenta de lo transformador que puede ser. Y es que hay algo que podemos hacer y ese será tu primer don que vas a descubrir en este libro…

EL DON DE LA PALABRA

ES MÁGICO

De todos los seres que existen en el planeta, el ser humano es el único ser que posee el don de la palabra. Pero no hace buen uso de ella. Si observamos podemos ver el uso tan inadecuado que hacemos de la palabra.

En la mayoría de los casos, el ser humano habla más de lo necesario. Cuando estamos aburridos hablamos y hablamos, todo el día hablando. Así es como malgastamos una gran cantidad de energía y realmente no comunicamos lo que es importante o necesario y deseamos expresar. Nos hace falta más silencio.

Es verdad que ahora con las redes sociales y los móviles perdemos más en hablar directamente pero la palabra tanto si es escrita o hablada, la utilizamos para malgastar nuestra energía.

Algo muy importante a tener en cuenta es que a veces no sabemos cómo usar la palabra correctamente. Te quiero dar los siguientes tips para empezar a usar la palabra adecuadamente:

> ➤ Procura decir la verdad y decirla agradablemente.

> ➤ Escúchate y escucha a los demás. ¿Qué sientes?

> ➤ Habla lo justo con palabras concisas.

> ➤ No digas cosas por decir o no mientas por miedo a herir.

> ➤ Habla solo cuando sea necesario.

> ➤ No pierdas la amabilidad aun cuando estés en silencio.

➤ Procura elevar tu nivel de silencio mental y verbal.

➤ Canta y práctica la música, en forma de canción o mantra con aquellas palabras que te sientas feliz.

➤ Aprende a escuchar.

➤ Escucha atentamente y por completo cuando los demás hablan y cuando hablas tú.

Prueba a practicar estos consejos a diario y verás cómo todo empieza a cambiar. Comienza desde ya, no esperes. Recuerda, tomar acción es la clave.

Puedes empezar por las palabras que te vengan ahora mismo. Anótalas:

¿Las tienes?

¿Qué sientes con ellas? ¿Son palabras que usas asiduamente? ¿Las dices, las piensas o las hablas?

Debes cuestionarte todas estas preguntas porque te llevarán al siguiente paso que es sanar mente, alma y espíritu.

Y ahora dime ¿crees que podrías cambiar o mejorar estas palabras que has escrito? Estoy segura que sí. Porque es justo como piensas, como hablas, como escribes, como sientes lo que determina tus resultados. Y si has llegado hasta aquí es porque no tienes los resultados que deseas.

Así que no demores más tu transformación y modifica las palabras que has escrito anteriormente.

¿Lo tienes? ¿Sí? Ok. Y dime ¿qué sientes ahora? Probablemente no te sientas del todo cómodo/a porque sencillamente lo que has hecho es cambiarlas a mejor pero no es lo que te identifica o bien por alguna creencia o porque tu mente consciente te dice que es lo correcto.

Pero no te preocupes la mayoría de personas hace lo mismo constantemente y a todas horas aunque no seamos conscientes. Pero ¿y si te digo que a estas palabras puedes ponerle algo que parezca más creíble para tu mente? Vuélvelas a modificar hasta que sientas que estás en la palabra adecuada y que te sientes mejor.

Ahora con estas nuevas palabras las vamos a utilizar como si fuesen mantras diarios. Estas tres palabras son palabras que sanarán tu mente, alma y espíritu.

¿Has visto que fácil? Tampoco es una tarea muy complicada en sí pero debes ser constante. Con el tiempo llegarás a pensar: "¿Y por qué no lo he hecho antes?" Pues porque es algo tan fácil que no lo tenemos en cuenta.

Empezarás a notar algún cambio en tu vida. Quizás alguien de tu familia que no te llevas bien de repente empieza a tener palabras más amables, o quizás alguien que conoces o amigo que chocas con su forma de pensar o es agresivo verbalmente, quizás una vecina que se vuelve más amable. Observa los siguientes días.

Realmente nunca nos hemos parado a pensar en que si todo esto lo puede llegar a crear una palabra, por qué no crearlo para algo positivo o bien para conseguir aquello que deseamos.

La palabra es transformadora. La palabra tiene una energía muy potente y la acción aún más. Una vez la utilizas tiene un poder creador. Así que ponte manos a la obra y empieza a elegir tus palabras, úsalas para transformar tu vida en la vida que deseas.

Todo empieza por una palabra.

...todo. Porque ya sea escrita, hablada o pensada todo empieza por una palabra. Observa todo lo que te rodea, tanto personas como objetos o situaciones.

Este libro empieza por una palabra.

Y si todo lo que hacemos, decimos o pensamos empieza por una palabra ¿no crees que deberíamos empezar siempre por una palabra positiva?

Imagínate una conversación con alguien que te gusta; las primeras palabras serán bonitas seguro ¿verdad? Entonces ¿por qué no utilizar bonitas palabras cuando hablas de ti mismo/a o cuando hablas de tu situación? Piénsalo.

Amarse es el primer paso para utilizar bien las palabras.

¿Qué significa esto? Cuando nos amamos a nosotros mismos solo tenemos palabras de amor hacia los demás. Las palabras que piensas, sientes o dices hacia ti y hacia tu ser en general son de amor. Por tanto si emana amor de ti, no puede salir una palabra dañina o incorrecta.

Cuando canalizo me viene siempre a través de una palabra y de ahí tiro del hilo para darme más información. Así que para canalizar correctamente y entender bien los mensajes debemos tener clara nuestra mente, nuestra alma y nuestro espíritu. Tienes que saber qué palabras tienes asociadas a cada uno de ellos para sanarlas, modificarlas y tener los resultados que deseas.

EL CUERPO HABLA

Nuestro cuerpo nos habla constantemente, nos dice qué nos duele, qué desatendemos, qué parte le falta amor. Es como un niño que necesita mimos. Pero al mismo tiempo es el que nos avisa de que algo no funciona bien.

No necesariamente nos avisa de problemas físicos o enfermedades, ya que estos síntomas son la consecuencia de un foco o carencia de otra circunstancia que lo ha causado. Es decir, si tienes un problema financiero, tu cuerpo puede mostrártelo de alguna forma u otra, ya sea enfermedad, sobrepeso o cualquier patología relacionada al dinero.

Cuando tenemos estrés nuestro cuerpo también lo nota y nos lo refleja, ya sea con cansancio, poca vitalidad, falta de energía, etc. Nuestro cuerpo nos habla porque

---

Todo es psicosomático.

Escribiendo este libro he producido una somatización. Una urticaria me ha invadido todo mi cuerpo y sin saber a qué es debido. En realidad sí lo sé o por lo menos mi cuerpo si lo sabe, y mi mente subconsciente también. Ahora te explicaré paso a paso cómo estas manifestaciones se producen.

La palabra psicosomático se divide en; **psico (mente)** y **somático (cuerpo)**. ___La mente manda unas señales a nuestro cuerpo para manifestar ese síntoma___. La mente busca protegernos de todo y mantenernos en nuestra zona de confort. Así que cuando percibe un peligro o movimiento pues emite esa señal que va a nuestro cuerpo físico.

En mi caso es una manifestación no exteriorizada de emociones, mejor dicho, miedos ocultos. Las urticarias y las alergias en general suelen ser miedos y nuestra mente reacciona ante el miedo como protección. A veces pueden manifestarse por varios miedos. Y sin darme cuenta, escribiendo el libro, empecé a sanar esos miedos ocultos y sobretodo lo doloroso que era para mí contar mi historia personal, todo lo que me había pasado en mi adolescencia.

Sin embargo, es algo que yo y las almas que estaban en relación con mi historia habíamos pactado antes de nacer. Es mi aprendizaje. Yo elegí eso para liberarme de una emoción muy arraigada y que ya tocaba liberar.

La emoción es el miedo. Y los miedos suelen manifestarse en la piel. El mío en concreto es una urticaria extendida que me muestra los pequeños miedos ocultos. Mi parte de acción fue adentrarme a mi subconsciente para ver dónde se produjo o inició ese miedo. Con la terapia regresiva he descubierto que vida tras vida he tenido miedos, bloqueos y muchos aprendizajes por resolver.

¿Entiendes ahora que todo lo que te sucede es porque es parte de una lección? Cuando llegas a ese entendimiento no resulta tan doloroso o por lo menos sientes el alivio de saber los "porqué" y así poder tomar acción tan pronto como sea posible. Ahora entiendo mi manifestación y el brotarme a la piel, pues como estamos en constante aprendizaje ahora me toca tomar acción y liberarme definitivamente de esa emoción de sobreprotección por miedo.

¿Cómo? Pues enfrentándome a él y exponiendo todo lo que he vivido a todo el mundo.

Como ves todos tenemos que sanar, nuestra alma busca ese equilibrio y es ahí donde reside el bienestar. Busca en el síntoma la causa que lo inició y descubrirás lo oculto en tu subconsciente.

Es necesario estar alerta de todo lo que nos rodea y observar qué sentimos…

¡CONECTA TU RADAR!

Nuestro cuerpo manda señales igual que un radar que detecta que hay alguna anomalía. Esa emisión es recibida en una central (subconsciente) y éste da otra señal al cuerpo físico. Si conectas tu radar antes de que llegue la señal al último eslabón (cuerpo) verás cómo prevenir y subsanar o cambiar esa emoción que ha provocado ese dolor.

Puedes observar lo que sientes y todo lo que sucede pero debes saber que cada caso es distinto síntoma y distinta causa. Para ello es necesario un exhaustivo estudio interno de nuestro ser y de nuestro subconsciente. El cuerpo habla.

Psico proviene del griego "psyche" significa "alma". Somas en griego, significa "cuerpo". Es decir, que el alma enferma al cuerpo. Cuando nuestra alma siente algo, se ve manifestado en el cuerpo físico.

<u>Y nuestra alma se ve en desequilibrio porque planeamos o pactamos aprender unas lecciones para restablecerse y entonces es cuando todo se ve manifestado. Primero busca el equilibrio con el pacto, luego pasa el proceso de aprendizaje y si no lo aprendemos pues ella se encarga de exteriorizar el síntoma mandando la señal a nuestra mente para mantenernos alerta.</u>

Cuando tenemos unos síntomas evidentes, o sea físicos, ha pasado antes un proceso más sutil. Cada proceso empieza por una **emoción no exteriorizada** o bien no del todo. A esto se le llama **depuración o enfermedad**. Pero veamos como empieza a suceder…

Cuando percibimos o sentimos una emoción en nuestro ser, la primera parte donde se manifiesta es en nuestra **capa áurica.** Tenemos varias capas pero la que se adhiere a esas emociones y sentimientos es nuestro cuerpo mental-emocional. En nuestros cuerpos astrales se adhiere también el síntoma en forma de enfermedad.

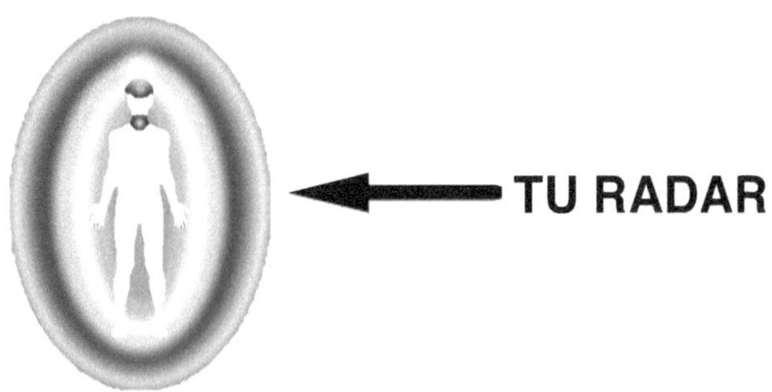

Y cuando esa emoción penetra en nuestro cuerpo físico, es cuando la mente la detecta y en referencia a la grabación en nuestro subconsciente y todas las memorias grabadas en él, revive la situación no sanada, repitiendo el patrón conductual del subconsciente.

Es entonces cuando manda esa señal a nuestra parte más superficial en forma de señal tangible, es decir, manifestación física.

En la fase SET, en ALMA, te hablaré más a fondo de cómo sanarla. Pero entre otras metodologías que se utilizan para la sanación del alma, yo utilizo la terapia regresiva, como te acabo de contar. Es una potente herramienta donde se profundiza y se sana desde que entras en la primera

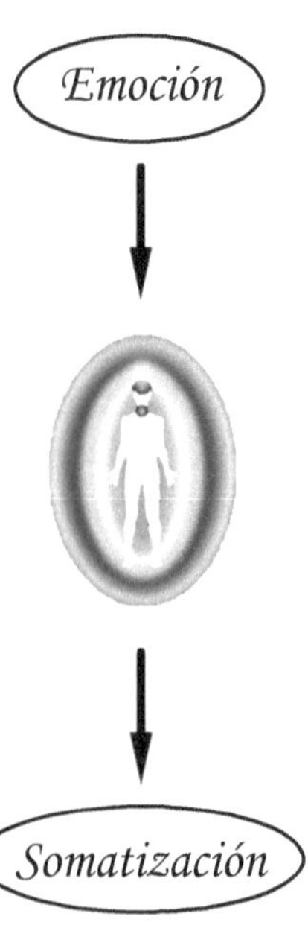

sesión. Se trata de buscar en el subconsciente una vivencia en el pasado y desde ahí aceptar y comprender que todo es un proceso y que todo está grabado, pudiendo modificar o cambiar aquello que no deseemos en nuestro presente-futuro.

Pero antes, déjame que te cuente un poco más para que entiendas la importancia de sanar...

MANIFESTACIONES FÍSICAS

Se pueden presentar en distintas formas; resfriados, sudoración, ganas de llorar, fatiga, diarrea, etc. Normalmente suelen ser **enfermedades depurativas** al principio lo que manifiestan aquello que está sanando. Pero en otras ocasiones son enfermedades más graves que debido a un tiempo más prolongado de una situación de conflicto interno pues se exterioriza de forma contundente.

Enfermedades graves como el cáncer, tumores, etc. son producto de una manifestación prolongada de una emoción no sanada. La enfermedad no es más que un desequilibrio entre la mente y el alma. La mente enferma el cuerpo para que detectes dónde está ese desequilibrio y lo subsanes.

No voy a entrar en enfermedades ni trastornos pues este campo es muy amplio y es muy importante tener una visión interna sobre él. Además, cada conflicto debe ser exhaustivamente estudiado. Particularmente, yo consulto a mis guías espirituales cuál es el camino que debo tomar y qué es lo que mi cuerpo me dice, dónde está el dolor y después sano con el Reiki y la terapia regresiva.

Pero sí te contaré algunas relaciones de emociones con los órganos:

Emoción ⟶	Órgano Asociado
Ira	Hígado
Alegría	Corazón
Tristeza	Pulmones
Preocupación	Bazo
Miedo y Temor	Riñones

HAZ LIMPIEZA

Para hacer limpieza y depurar todo lo que hemos ido acumulando debemos de tener en cuenta que se hace de forma progresiva.

En el periodo de limpieza existen 3 procesos por los cuales tienes que pasar y no sólo eso sino que, además, son clave para saber si realmente es una depuración por un trabajo interno o es otro el factor que te lleva a tener esos síntomas.

3 efectos de limpieza:

- **Depuración:** Hay una secreción, una eliminación, una desintoxicación, cualquiera que sea tu definición exacta y correcta. Recuerda elige lo que siempre te funcione. Pues en esta parte del proceso se elimina todo aquello que nos está haciendo daño. Normalmente suele ser en forma líquida ya que las emociones se manifiestan en forma líquida. Pueden ser; orina, sudor, ganas de llorar, diarrea, vómitos, mucosidad. Todo ello, normalmente, suele venir en exceso y de forma continuada durante varios días. De ahí, que casi todas las prácticas de terapias se recomienda que lleven a cabo los períodos de depuración durante 21 días. Suele ser una fecha aproximada de varios síntomas y de acabar de eliminar, aunque no siempre se tiene tantos días seguidos esos síntomas. Imagínate 21 días con diarrea. ¡Qué locura! Estaríamos ¡totalmente deshidratados! No es así como funciona, es que durante esos días se puede manifestar esas sensaciones de eliminación pero no en abundantes cantidades durante todos esos días.

- **<u>Dolor físico</u>:** Durante esos días existe la posibilidad de tener dolores físicos, ya sea causado por la propia forma que eliminamos o bien por otra. Por ejemplo; si tienes un período de eliminar mucosidad abundante durante unos días quizás también tengas dolores de cabeza o de pecho dependiendo de donde provenga. Quizás, también tengas irritación o los ojos hinchados. En cualquiera de los casos ese período en el cual se manifiesta la limpieza va acompañada de un dolor físico. No tiene por qué ser de esta forma obligatoriamente. Existen depuraciones que apenas se percibe el dolor físico. Pero existe en realidad. Comprueba esa sensación. Yo suelo recomendar después de mis sesiones que observen su cuerpo. Él igual que el Universo, cuando atraemos un cambio, se tiene que reestructurar. Tiene que coger forma referente a la nueva situación o creencia. Así que no te asustes en ningún momento si ves que lo que estás sanando empeora o creas que esto no te ha servido a ti, sino más bien observa cómo todo se está poniendo en su lugar. Recuerda que siempre puedes elegir entre ser un alma positiva o negativa, entre atraer lo que deseas o alejarlo de ti.

> Todo es cuestión de elección. Siempre tienes la posibilidad de elegir lo que quieras, pero cuidado con lo eliges porque puede que no sea realmente lo que desees. Cuando elijas asegúrate de manifestar lo que anhelas. A veces elegimos y no permanecemos en esa elección porque no estamos seguros.

Porque lo difícil realmente no es elegir, sino mantenernos en esa decisión firme.

- **<u>Carencia:</u>** Éste es el último factor durante el proceso. Cuando eliminamos, tenemos algún dolor en forma física, también hay un carencia que se manifiesta en algún aspecto de nuestra vida. Normalmente suele suceder en otro plano distinto al cual se expresan los síntomas. Por ejemplo; si tienes una depuración por una sanación derivada de una situación económica, probablemente tengas una carencia en cuanto a comprensión de tu pareja o familiar cercano. Toda depuración conlleva una carencia por mínima que sea. Igual que en la exteriorización existe el dolor físico que, en ocasiones, no se percibe o se percibe muy poco pues en este factor también pasa. A veces pasa desapercibido y no es una cosa que observemos detenidamente.

Te invito a que hagas la prueba y compruebes que realmente sucede así.

En algunas ocasiones y como te contaré más adelante, las manifestaciones pueden ser grabadas de otras vidas, en tu subconsciente y tu alma buscará ese equilibrio manifestando así esa enfermedad o dolencia o bloqueo para sanarlo en esta vida.

Cuando no llegamos a somatizar la enfermedad es porque has controlado la **depuración "energética"**. ¿Qué significa esto? Pues que has percibido esa emoción en tu cuerpo áurico y que no has llegado a somatizarlo en enfermedad física. Este proceso no es difícil, solo requiere de práctica y sobretodo de detectar en el síntoma lo más pronto posible.

¿No te pasa a veces que hay una sensación que te dice "uixx" esto no me gusta? o ¿quizás percibas la sensación de una energía que no te agrada? Pues es ahí donde **tu primera manifestación debe ser escuchada.**

Tu mente y tu cuerpo reaccionarán dependiendo de cómo sientas, tus emociones y a lo que tu subconsciente tenga grabado así que actuará en consecuencia. En el momento que lo percibimos actuamos o creamos otra percepción de esa emoción, automáticamente le damos otra información a nuestro subconsciente y así la mente no percibirá ese peligro ni mandará esas señales a nuestro cuerpo físico.

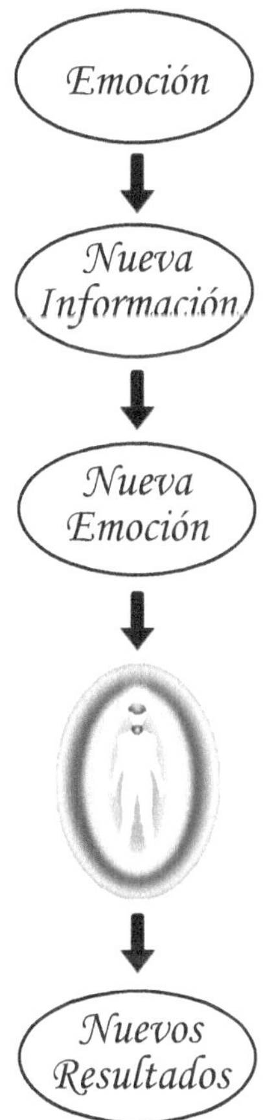

Para ello, es imprescindible crear nuevas creencias en nuestro subconsciente para que cuando lleguen nuevas emociones sean realmente ellas quienes lo detecten como no peligroso y así conseguir lo que realmente deseamos.

De todo esto lo hablaremos en MENTE.

ESCUCHA LAS PARTES DE TU CUERPO

Hay algo muy importante que debes saber también y es que nuestro cuerpo nos expresa por partes lo que necesitamos sanar. Es decir, si divides tu cuerpo en tres; zona alta, zona media y zona baja, éstas las podemos asociar mente, espíritu y alma, por ese orden.

Los chakras inferiores son representados por el alma, es decir la emoción y los superiores por la mente, los pensamientos y creencias y cuando se unen al espíritu, que es el chakra central, corazón, es cuando se expande y se materializa.

No te preocupes por si no entiendes nada de esto, más adelante lo harás cuando entiendas la manifestación de los deseos.

Ahora lo más importante es que detectes qué parte de tu cuerpo necesita sanarse, dónde necesita más atención. Aunque en este libro trabajaremos los tres elementos. Independientemente de sanar todo en general podemos hacerlo por zonas, aunque personalmente recomiendo que sea todo en conjunto. El hecho de que una zona esté más afectada no quiere decir que las demás tengan que estar desatendidas. Recuerda que todo lo debes llevar al equilibrio.

Existen palabras que sanan el alma, otras el espíritu y otras la mente. Y existen palabras para cada una de ellas, solo tienes que asociarlas y entenderás de qué se trata de un juego de amor con las palabras y tú.

No te puedo dar ninguna palabra en concreto porque debes sentirla tú. Cada una de ellas te va a transmitir algo que solo tú lo sabrás y sentirás que está sanando en ti.

Sabrás distinguirlas porque las de la mente son palabras más racionales o limitantes, las del alma son más emocionales y las espirituales son de conexión con tu ser, más elevadas.

Úsalas a diario en todas partes; la palabra puede ser pensada, escrita o hablada. Puedes hacerlo de todas las maneras posibles. Son mágicas.

Y si queremos empezar a sanar qué mejor técnica que aplicar la magia de la palabra. Pero ¿y si te digo que unida al agua es aún mucho más potente?

CORRIENTE DE SANACIÓN

El agua es una corriente de sanación muy potente. Es transmisora de energía. La palabra es energía y transformadora y si la unimos al agua que es la portadora imagínate el poder tan grande de estos dos elementos juntos.

Y si esta agua llena de palabras transformadoras la ingieres, tu cuerpo sanará. Recuerda que tu cuerpo está representado por mente, alma y espíritu así que sanarás todo tu ser. El cuerpo tan solo es el vehículo que tenemos para vivir aquí en la Tierra.

Otra corriente de sanación son los símbolos. Los símbolos son energía muy potente que sirve para anclar a esas palabras junto al agua. Las palabras se asocian a los símbolos, que sirven para anclar.

Debes visualizar un símbolo relacionado con lo que quieres pedir o modificar y una vez lo tengas, junto con las palabras que elijas, lo introduces todo al agua que vas a beber en el día de hoy.

Esto es lo que hago yo:

Cojo mi botella y la lleno de agua. En una hoja pongo todas las palabras relacionadas en la salud, en el dinero o en el amor. Visualizo el símbolo que me venga sobre esas palabras escritas y lo dibujo junto a ellas en el papel. Después pego el papel a la botella con cinta adhesiva. Una vez hecho todo esto siento cómo esa energía está dentro de esa botella y que cada gota de agua se impregna de ella. Siento cómo cada sorbo de agua que hago entra en mi cuerpo y esa agua me va purificando todo mi ser. Por último siento cómo ya está todo sanado; mi cuerpo está con vitalidad, recibo amor y abundancia infinita, y todo lo que haya anotado.

Te invito a que lo pruebes. ¡Es realmente mágico!

Desde que lo hago tengo un cuerpo más sano, más vital, lleno de energía y ¡hasta he bajado peso! ¡Es increíble! Además tengo ingresos extras, la abundancia y el amor infinito está llegando a mi vida. ¡Sientes todo el amor y el éxito dentro de ti!

Todo lo que te muestre en este libro tiene una finalidad y es sanar tu mente, tu alma y tu espíritu para obtener claridad y el canal limpio para canalizar los mensajes que te llegan del Universo o Dios. Pero todo lo que hagas, pidas, pienses, hables siempre, siempre, siempre hazlo desde el amor y la humildad.

No es que vayas a perjudicar a nadie poniendo en práctica todo lo que aprendas, sino que ya sabes que todo efecto tiene su consecuencia. Sólo te digo que tomes conciencia que todo tiene que ser un bien para ti y para todas las personas implicadas, respetando siempre el libre albedrío de los demás.

Toma acción y crea resultados y es así como demostrarás a todo el mundo que es efectivo, entonces verás cómo los que te rodean también cambiarán sus hábitos y su forma de hablar.

Todos los cambios empiezan por ti.

Y si cambiamos todo creamos un movimiento de energía, un cambio de posición, una vibración distinta. Entonces sucede. Ya estás donde querías estar. Ya tienes aquello que tanto deseas, porque lo has atraído.

La visualización juega un papel muy importante. Es una energía muy potente y unida a todo lo anterior puede llevarte más allá de la ilusión. Visualizar no es imaginar, es sentir. Sentir que aquello que ves forma parte de tu vida.

Para sanar mente y alma debes tener en cuenta que son fuerzas contrarias y que suele ser la mente la que te lleva por el camino equivocado, ya que ella tiene instaladas creencias limitantes. De ello te hablaré más adelante, pero quiero que sepas que para una curación mente-alma, debe haber armonía y conexión cada una de ellas y entre ellas. Y van en direcciones opuestas, si las corriges acabarán yendo en la misma dirección es cuando se unirán hacia tu corazón y se expandirá, creando tus deseos. Entrarán en comunión con tu espíritu.

Cada ejercicio, cada práctica que hagas sentirás que hay una palabra que te sugiere algo. Presta atención aunque solo sea en pensamiento y anótala al lado del ejercicio. Toma apuntes, subraya y comparte con todo el mundo las inspiraciones que te vengan. Nunca sabes a quién puedes ayudar con tus palabras.

Fíjate aquí te dejo unas palabras de las que me están inspirando ahora mismo para que te ayuden a ti.

dinero vitalidad
felicidad
exito
abundancia
amor
prosperidad
paz salud
alegria
energia

Cada una de ellas te llevará a un estado y a una emoción, siéntelas y experimenta todo lo que sucede.

Tira del hilo del ayer arrojado al futuro.

Cuando te vengan palabras no las dejes escapar, estás canalizando. Posiblemente si las unes tienes una información muy valiosa.

Puedes crear una canción con todas ellas o un mantra precioso para repetir cada día. Sé una persona creativa; canta, ríe, baila con todas esas palabras que llegaron a ti de forma armoniosa. Crea un grupo de personas que también quieran hacer lo mismo, verás cómo la magia surge.

Este libro es la base entre la espiritualidad y principios universales, así que esta fusión es la energía y leyes. Unimos mente, alma, espíritu para sanarlo en su totalidad. Y créeme que es mágico porque he unido todas las palabras que me han venido canalizadas y mira su increíble resultado. ¡Es fantástico!

UNIENDO HEMISFERIOS

Cuando empiezas a utilizar esa creatividad junto con el pensamiento unes los dos hemisferios de tu cerebro.

El hemisferio izquierdo es analítico y el derecho es el creativo. El hemisferio derecho está vinculado al proceso y expresión de las emociones mientras que el hemisferio izquierdo se encarga de procesar el lenguaje, la lógica racional y la capacidad analítica.

Así que si estos dos hemisferios se unen puedes lograr grandes cambios en tu vida. Muchos estudios dicen que la parte de subconsciente donde se hallan instaladas algunas creencias limitantes procede de una parte de esos hemisferios y que si conseguimos que tengan buena comunicación entre ellos, esas creencias que nos limitan, desaparecerán, creando así nuevas creencias potenciadoras.

Un ejercicio práctico que puedes hacer para establecer mejor comunicación entre los dos hemisferios cerebrales es el siguiente:

Coge lápices o rotuladores de colores y escribe el nombre de varios colores con el color distinto a su nombre. Te pongo un ejemplo aunque tú deberás ponerlos correctamente, ya que aquí no se distinguen los colores.

AMARILLO   ROJO

NARANJA

VERDE

LILA

MARRÓN

Al color amarillo lo puedes escribir de color azul, al rojo de verde, el marrón de lila y así con todos. Procura que no quede ninguno que no sea del mismo color que escribes.

Tu hemisferio racional ve una letra y tu hemisferio creativo ve un color. Al no asociar el color con el nombre entran en unión.

También puedes hacer varios ejercicios más como escribir con la mano no predominante; es decir, si eres diestro/a tienes que escribir con la izquierda y viceversa.

Hay muchos ejercicios para unir los dos hemisferios. Te invito que los hagas siempre que puedas.

Y te estarás preguntando: ¿Por qué tantos ejercicios y dibujos, verdad? Muy fácil. Pues porque ahora vamos a empezar a sanar con la mente y estos ejercicios sirven para ir condicionando este primer contacto.

Tu mente racional se ha hecho esta pregunta mientras tu mente creativa ha dicho: "guay empezamos bien el libro, qué bien me siento". Pero en este camino recuerda que no todo va a ser como esperas. Y seguramente descubras algo que tienes atesorado y que ni siquiera sabías que tenías. Y quizás te haga un "clic" y todo cambie. Estoy segura de que así será.

Por ello vamos a continuar con los 3 elementos. Te voy a contar más de ellos.

3 ELEMENTOS

MENTE, ALMA Y ESPÍRITU

Cuando decidí adentrarme al mundo espiritual, empecé a crear estados y situaciones que me producían sensaciones agradables como paz, serenidad, calma, etc. Visualizaba y visualizaba lo que deseaba. Meditaba y utilizaba herramientas muy potentes. Me ayudó muchísimo. Conocí una terapia de sanación a través de la imposición de manos llamada REIKI y empecé a sanar todo aquello que sentía en mi ser.

Fue estupendo conocer mi cuerpo, tratarlo, sanarlo, empecé a cobrar más salud y paz mental.

El Reiki es una técnica de sanación y autosanación para restablecer el equilibrio bioenergético de nuestro cuerpo. Como bien sabes, todos somos energía y como energía podemos restaurar aquello que está en desequilibrio. Pues el Reiki es eso. El Reiki es sanar a través de la Energía Universal. Reiki es amor.

En mis cursos enseño todas esas técnicas aplicadas sobre Reiki para que mis alumnos aprendan a sanar con Reiki.

En cuanto a la espiritualidad podemos encontrar toda clase de técnicas y prácticas energéticas; yoga, tai chi, chi kung, acupuntura, etc. No todas parten de la misma base ni cultura, pero sí trabajan a niveles energéticos.

Está muy bien dominar alguna práctica energética para saber sanarnos, es más, te aconsejaría que empezaras aprendiendo técnicas. Puede ser la meditación o simplemente la reflexión consciente.

Pero recuerda que es muy importante que no olvides los dos aspectos, los elementos a tener en cuenta; la mente y el alma.

Cuando hablo de la mente me refiero a aquello que domina nuestros pensamientos.

Aquello que creemos lo creamos.

Es así, tal cual, todo lo que seas capaz de crear en tu mente podrás crearlo en la materia, en la forma física, en tu mundo.

Hay un gran poder que genera nuestra mente, el poder creador. Todo lo que está en nuestra mente es posible que suceda.

En un artículo de *Waking Times* nos explica que:

Un científico ruso ha estado estudiando el campo de energía humana y afirma que las personas pueden cambiar el mundo, simplemente usando su propia energía. Aunque esta idea no es nueva, no muchos se han tomado el tiempo necesario para ir probando científicamente estas ideas, aunque el campo de la física cuántica ha arrojado algo de luz sobre el tema en los últimos años. El Dr. Konstantin Korotkov, profesor de física en la Universidad Técnica de San Petersburgo, establece que cuando tenemos pensamientos positivos y negativos, cada uno tiene un impacto diferente en nuestro entorno.

"Estamos desarrollando la idea de que nuestra conciencia es parte del mundo material y que, con nuetra conciencia podemos influir directamente en nuestro mundo", dijo el Dr. Konstantin Korotkov.

Y en cuanto al alma, te quiero contar todo lo que he descubierto que es maravilloso. El alma es, diríamos, que aquello que nunca muere. Es aquello que se expande, crece y contribuye al crecimiento. El alma reconoce las lecciones que debemos aprender y busca el equilibrio.

El alma es nuestra estrella que debe brillar más que nunca, tan solo hay que pulirla.

Y hablando de almas. Quiero hablarte de unas almas increíbles para mí. Son mis ESTRELLAS VALIENTES…

LAS 15!

PRIMER PROCESO

Cuando salí de aquel evento tan revelador me vino una gran inspiración. Salí tan empoderada que fui a por todas y creé un programa que se llamaba "LAS 15! ALMAS VALIENTES Y TRANSFORMADORAS".

Este programa consiste en 3 sesiones separadas donde en cada una de ellas se trabajan los 3 elementos que antes te mencioné; MENTE, ALMA Y ESPÍRITU.

Tengo que decir que al principio pensé en hacer un mini curso o algo simple para lanzarme e investigar cómo funcionaba con todo lo que había aprendido. Era como un experimento.

Colgué en mis redes un post que decía; *"Busco a 15 ALMAS VALIENTES Y TRANSFORMADORAS que quieran conocer la verdad sobre su mente, alma y espíritu. ¡Embárcate en este viaje y descubre tu propósito de vida!"*

Mi intención en ese momento fue poder a ayudar a 15 personas a conocer aquello que había descubierto y empezar a practicarlo por mí misma, creando abundancia.

Conforme iba creando el programa me di cuenta de que, aquello que iba a ser sencillo y simple, cobró una gran energía impresionante y era algo muy grande, más de lo que pensé.

Actualmente, esas almas están en un proceso increíble de transformación y cada día más agradecidas por haber dado el paso de inscribirse en este maravilloso programa.

Estos son algunos de los testimonios…

"Magnífica experiencia que me ha ayudado a frenar a mi mente, consiguiendo superar más obstáculos y crecer con todo lo que he aprendido, escuchando más al alma." **Montse Oliver**

"Un milagro. ¿Cuántas probabilidades tenía de conocer a Laín y a Nuria? Soy francesa de origen español, vivo en París y hacía más de 10 años que no iba a España. Estaba desesperada, viviendo cosas complicadas y el Universo puso en mi camino a Laín y así conocí a Nuria. Mi agradecimiento es infinito. El trabajo y el valioso acompañamiento de Nuria me han permitido de levantar cabeza poco a poco, de sentirme más viva y empezar a actuar. Noto un cambio interior y tengo más alegría. Estoy sanando mi alma y mi cuerpo. Gracias, gracias, gracias a Nuria." **Sara Hernández.**

"Mi experiencia y testimonio de las tres Sesiones realizadas dentro del programa Las 15 Almas Valientes y Transformadoras:

En la primera Sesión, trabajamos la mente a base de un juego de preguntas donde se cuestionaba la Salud, el Dinero y el Amor. Fue difícil porque se trataba de pensar y mi mente boicoteaba cada momento, pero con paciencia conseguí contestarlas.

En la segunda Sesión, trabajamos el Perdón y la Gratitud, con Terapia Regresiva, donde perdoné y comprendí que todo lo que nos pasa en la vida es por una razón. También utilizamos los símbolos kármicos, para buscar un equilibrio y sanar mi Alma. En esta segunda Sesión empecé a sentir una Paz interior y una Felicidad brutal.

Y en la tercera Sesión, realizamos una Meditación Profunda donde conecté con mi Don Universal, y así saber mi Propósito. Con esta meditación y otro juego de preguntas que tengo que realizar todos los días para llegar a mi Propósito. Una vez lo sepa, seguiré en ello... Lo expandiré para completar el Dharma.

Con lo cual, he aprendido a liberarme de rencores de nudos que no me dejaban crecer. He aprendido que la vida nos deja un Aprendizaje único y universal. También he aprendido a tener Serenidad y a ser más Feliz. Gracias, gracias, gracias, Nuria, por tu enseñanza y desearte lo mejor en tu nuevo proyecto." **Milagros Lamata**

El primer proceso, entonces, consiste en unos juegos que se utilizan para trabajar la mente.

Y como puedes ver en algunos testimonios, la mente nos hace pasar malas jugadas. La alarma se dispara y hace que no avances en los nuevos cambios, hábitos o patrones.

El simple hecho de hacer algo o tener el pensamiento de hacerlo, no sólo estás creando tu nuevo patrón, sino que además ya estás modificando la información que mandas al Universo.

Y es ahí cuando más acción debes de tomar para lograr llevarlo a la materia.

Al combinarlo con la sanación del alma entonces nada puede pararte…

LAS 15!

El segundo proceso de este programa consiste en trabajar el alma. Sanarla es el primer paso. Primero la sanamos con una sesión de terapia regresiva donde trabajamos el perdón y la gratitud. Después en casa deberán seguir practicando con unos ejercicios muy efectivos.

Todo esto te lo contaré dentro del proceso de las 3 fases.

Cuando se entiende el primer paso, se llega a la comprensión y aceptación de la situación y se libera.

Entonces estás preparado/a para introducir cierta información nueva para que tu alma empiece a reconocerlas como lecciones y aprender aquello que aún no se ha aprendido.

Este método lo utilicé en el programa de las 15! con el juego de los 5 símbolos. Son unos símbolos canalizados y que tienen unas cualidades que necesitas en este mismo momento.

Las lecciones de vida son importantes en este proceso y también son canalizadas para que se vayan trabajando y asimilando.

Estos son algunos testimonios más sobre el segundo proceso, de algunas de las almas que se adentraron a este viaje.

"Para mí este programa es una bendición y me está cambiando la vida. En la primera sesión es verdad que me costó muchísimo hacerla y no tenía muchas esperanzas,

pero en la segunda llegó el milagro, mi alma ha empezado a sanar y es maravilloso cómo me siento y cómo todo está empezando a cambiar.

Llevaba mucho tiempo intentándolo, pero no lo conseguía y con tu ayuda lo logré.

En estos momentos estoy pasando unos días con esas personas que tenía que perdonar y puedo decir que lo conseguí, hubo algún momento tenso y logré entender y perdonar.

ES IMPRESIONANTE

Todo está cambiando en mi vida, incluso recibí dos aumentos de sueldo y todo gracias a este programa.

Todavía me queda seguir con la tercera parte del programa, en estos momentos me está siendo complicado, pero con lo conseguido estoy más que satisfecha

Mil gracias Nuria". **Gema Sierra**

Como puedes ver, en este proceso se trata de liberar todo aquello que nos hace daño para restablecer nuestra alma y así poder crear cosas nuevas, nuevas experiencias.

Después esto transmutará para elevar aún más tu nivel de conciencia.

Las 15!

TERCER PROCESO

Ya vimos que en el primer proceso cómo a través de unos juegos de preguntas iban resolviendo y venciendo a ese monstruo que las limitaba, la mente. Una vez pasado ese proceso pasaron a sanar su alma con otro monstruo en una cueva más profunda, la del pasado. Desde allí empezaron a perdonar y liberarse de lo que más daño les hacía. Después acabaron de sanar sus almas con unos símbolos sagrados. Descubrieron sus lecciones de vida junto a las leyes del karma.

En esta tercera fase o proceso, _estas almas valientes se adentraron a conocer su Espíritu más profundamente_. **Venciendo a un monstruo llamado Ego.**

Encontraron unas pistas para descubrir su don o talento único, hicieron una meditación del Yo Superior y empezaron a conectarse con su espíritu que les guio a encontrar su propósito de vida. También tuvieron la ayuda de unas cartas canalizadas para obtener más información sobre su labor en la tierra.

Llegadas a este punto, sólo faltaba poner en práctica todo lo que aprendieron. Es una tarea simple pero al mismo tiempo tiene que ser constante. Si no practicas a diario no sirve de nada todo lo que te pueda contar en este libro.

Te dejo algunos de los testimonios del programa de las 15!

"Hola, querida Nuria, esta experiencia ha sido EXCELENTE, como todo sucede por causalidad este programa ha llegado a mi vida en un momento crucial, a pesar de no haber dedicado todo el tiempo deseado, me ha ayudado enormemente en la toma de decisiones muy importantes respecto *al trabajo, he decidido despedir al jefe, confío en que lo mejor está por venir, si hago lo mismo no puedo esperar resultados distintos, y como me puse metas quiero conseguirlas. Por otro lado hay problemas familiares que me hacen perder el equilibrio, tengo que practicar el perdón a cada momento, y cada vez es más fácil, sí que es cierto que me falta mucho por aprender y por practicar, incluso ejercicios por hacer. Reconozco que a veces lo primero que sale es la ira y la rabia cuando intentan manipularme o degradarme, ahí estoy trabajando para perdonar y que no me afecte, yo sé que puedo ser feliz a pesar de todo.*

GRACIAS, GRACIAS, GRACIAS, TE MANDO UN ABRAZO ENORME," **Josefa López.**

Como puedes comprobar con el testimonio de Josefa, ella ha conseguido mucho con este programa y le ha ayudado a entender todos los procesos a seguir, sin saltarse ningún paso. Teniendo estas herramientas, Josefa puede seguir trabajando todo aquello que aún esté por sanar y empoderarse.

En este último proceso ella ha reconocido su verdadera esencia, su ser divino que hay dentro de ella, su Espíritu. Esto ha hecho que tome decisiones acertadas dejando de escuchar a su ego y escuchando la voz de su Espíritu.

Tú mi querida estrella valiente, en este libro, podrás hacer exactamente lo mismo que estas almas valientes, las 15! Encontrarás todas las herramientas necesarias para llevar a cabo tu propósito.

Así que ahora vamos a ver de qué se trata, todo estos procesos y los aplicaremos junto con la transformación de la palabra…

¿Me acompañas?

El Poder De Sanar Tu Vida

2º PASO

3 FASES, 3 ELEMENTOS PARA SANAR

FASE CAM: Conciencia, Aceptación y Meditación

Le llamo fase CAM a ese primer contacto. Aún no sabemos a qué ni a quién pero es ese primer eslabón que nos llevará a conectar con nuestros deseos.

El primer paso que tenemos que tener en cuenta es la conciencia. Nos hacemos conscientes cuando elevamos nuestros estados y pasamos la línea imaginaria del cambio. Todo proceso implica conciencia, evolución y cambio.

La conciencia es el conocimiento, la verdad, el "clic" de las respuestas. Prosigue el trabajo, la perseverancia, el talento y, al principio, siempre cuesta porque hay muchos obstáculos que tenemos que derribar. Cuando empezamos a tener la clave de nuestros éxitos los utilizamos como herramientas para seguir avanzando. A esto se le llama evolución. Y cuando obtenemos lo que queremos, nos sentimos agraciados, por todo lo que somos es cuando nuestra conciencia vuelve a elevarse. Entonces es cuando vemos los resultados. Este es el proceso de cambio.

La conciencia es darse cuenta de (…)

"El primer paso no te lleva a donde quieres ir, pero te saca de donde estás"

Desconocido.

Aceptar es el siguiente paso, pues sin esa aceptación y comprensión nos desatará la incertidumbre y creará confusión en nosotros. La duda y el saber los "Porqué" son parte de la aceptación. Ese proceso suele ser confuso y doloroso pues se muestra un lado de la cara y el otro se muestra oculto. Me explico; en la mayoría de los casos cuando tenemos una dolencia física se muestra tal y como es pero no la razón que la ocasionó. Cuando aceptamos su procedencia entonces es cuando valoramos el momento y su crecimiento.

> *"Lo que niegas te somete. Lo que aceptas te trasforma"*
>
> **Carlos G. Jung**

Y por último, de la fase CAM, Meditación. Elevas tu conciencia, conoces, aceptas y ahora toca reflexionar. La meditación en sí es una buena herramienta, pero en esta ocasión no me refiero a la práctica en sí, sino en el conocimiento interno. Es decir, cuando reflexionas sobre aquello que te inquieta.

Así que resumiendo...fase CAM: ¡Observas, Enfocas y Captas!

Vamos a ver ahora cómo es....

Tu fase "CAM"

DETECTA

Es muy importante detectar en esta fase en qué situación te encuentras para comenzar el proceso. Como bien te he contado ya, la claridad nos llevará a tener el poder de sanar y así crear conciencia y empoderamiento sobre nuestra vida.

Practica tu fase CAM cada vez que lo veas necesario. Es una toma de conciencia de tu estado. Personalmente, es algo que practico frente a situaciones de toma de decisiones o bien tengo alguna manifestación física o espiritual (información canalizada).

Durante muchos años de mi vida he tenido que tomar miles de decisiones, porque por una experiencia traumática como fue la de los malos tratos tuvo consecuencias nefastas. Y es que no sólo es el dolor, la desconfianza, la humillación, la baja autoestima, sino que las secuelas son peores. Relación tras relación, fracasando, rompiendo y volviendo a empezar. Y todo esto es debido a no pararme a detectar cuál era mi fase CAM y a partir de ahí empezar a sanar.

De ahí la importancia de detectarla. Aun así, siento que son experiencias que se deben vivir y experimentar, sólo que pueden ser menos dolorosas y te paras a detectar la verdadera razón.

Esto es lo que hago yo…

Cierro los ojos y hago un recorrido visual de todo lo que en este mismo instante está sucediendo en mi vida. Observo qué acontecimientos están pasando en mi entorno e intento descifrar el porqué. Seguidamente, hago un listado mental de todas las causas y consecuencias de esos acontecimientos. Observo y me pregunto qué es lo que debo aprender de esa situación. Cuando obtengo respuesta entonces acepto que ha sucedido para un bien para mí, abro mi mente a nuevas opciones y caminos y entonces es cuando medito cuál será la siguiente elección para modificar esa situación.

¿Entendiste el proceso? ¿Sí?

Pues ahora te toca a ti.

CONCIENCIA: Cierra los ojos y haz tu recorrido visual de la situación actual en la que te encuentras. Observa todos los acontecimientos que están pasando a tu alrededor.

Anótalos:_______________________________________

____

____

____

Ahora reflexiona sobre las causas y consecuencias de esos acontecimientos.

Anótalas:____

____

____

____

ACEPTACIÓN: Ahora observa y pregúntate qué es lo que debes aprender de esta situación.

Anota____

____

____

Acepta que todo ha sucedido para un bien para ti y que hay una gran lección detrás.

MEDITACIÓN: Abre tu mente a nuevas opciones y caminos. Medita cuál será la siguiente elección para modificar esa situación.

Anótala:____

____

____

____

¡Muy bien! Ahora ya sabes cuál es tu fase CAM y por dónde empezar así que te invito a seguir...

CREANDO CONCIENCIA

Ya te conté en mi historia cuándo fue mi "DESPERTAR". Fue en un periodo muy duro pero tengo que confesarte que no me resultó complicado, ya que fui creando conciencia poco a poco antes de "dar el paso".

¿Qué intento explicarte? Pues que durante un tiempo, cuando aún no veía las cosas claras del todo, pasé por un proceso de "darme cuenta". Día a día iba abriendo más los "ojos". Poco a poco creaba en mi mundo cuántico aquello que deseaba. Podía tener muchas variantes, siempre se puede elegir como ya te conté. Entonces elegí ser libre, y sobretodo elegí comprometerme conmigo misma. Al fin y al cabo

---

Todos somos responsables de todo lo que nos sucede.

Y sí, me daba tropezones en este proceso. Caía y volvía a levantarme. Volvía a caerme y volvía a levantarme. La cuestión es que hagas lo que hagas eres responsable y si te caes no importa. Vuelve a intentarlo. De esta manera se crea conciencia.

Pero mi despertar fue conocer la espiritualidad de un modo consciente olvidándome de otros factores que no tuve en cuenta. Aun así fue mi mejor decisión porque es justo lo que necesitaba en ese momento. Más adelante, descubrí el "equilibrio". Traté de encontrar las respuestas de porqué aún no había conseguido lo que tanto anhelaba. Así que profundicé en el trabajo de la mente, metafísica, leyes universales, etc.

María, una chica que traté en consulta, tenía siempre problemas familiares y no sabía por qué le pasaba todo lo que le iba sucediendo. A veces tenía tales enfrentamientos que incluso llegó a insultos y casi a las manos con un familiar suyo. Pero ella cobró conciencia de lo que sucedía cuando entró en su subconsciente y vio que lo que realmente le sucedía era que no había perdonado a ese familiar por algo que le dijo a su hijo. Lo perdonó y así pudo aceptar la situación sin provocar más disputas.

Y ahora quiero preguntarte: Y tú, ¿tienes los resultados que deseas? Estoy segura de que no. O por lo menos no del todo. Quizás es porque aún no conoces todo sobre lo que no somos conscientes. Quizás es porque aún hay algo que se te escapa. ¿Me equivoco?

Vamos a comprobarlo...

MENTE: ¡EMPEZAMOS EL VIAJE!

PRIMER PROCESO PARA SANAR

Y dirás ¿Por qué la mente?

La mente es el poder creador, como ya te he contado. Así que, si todo se empieza a partir de la mente es de lógica empezar a sanar por ahí ¿no crees? Todo nace de la creación. Tú y yo estamos aquí primero porque alguien nos ha creado. Independientemente de tus ideales o religión, estarás de acuerdo conmigo que todo empieza con creación.

La mente activa una alarma cuando detecta un peligro porque así está programado. Ella siempre nos defiende de todo. Así que cuando detecta un peligro te mantiene protegido/a en una zona donde no nos sucede nada malo. Es lo que llamamos *"zona de confort"*.

Pero ahí, en esa zona, no logramos nuestros sueños. Si quieres conseguirlos tienes que salir de esa zona y volver a programar tu mente para que no active la alarma ya que no tomará como peligro. Tienes que decirle a tu mente de qué peligro tiene que defenderte; de la escasez, de la enfermedad, del desamor, etc.

Por eso empezamos por la mente. Porque si es la que manda la orden a todo, empecemos por cambiar esas órdenes, la programación. Cambiemos la grabación y cambiaremos los resultados.

Las personas que han trabajado más la espiritualidad son personas que les cuesta más tomar acción para vencer a la mente; y las personas más mentales no observan qué han debajo de esa mente, hay algo más.

Yo siempre he sido una persona que no creía en nada más de lo que veía; los resultados. Pensaba que era víctima de las circunstancias y no sabía que yo tenía la llave, hacía nada por cambiar nada. Más tarde, cuando entré en la espiritualidad, empecé a ver las cosas de otra forma y a creer que había algo más allá de lo que podía ver, pero me costaba mucho tomar acción. Seguía sin hacer nada. Hasta que conocí las leyes universales y la metafísica a través de mi mentor. A raíz de este conocimiento, empecé a ponerlo todo en práctica. Y así es como obtuve los resultados que realmente deseaba.

En el tercer libro de esta trilogía **"Talento ÚNICO, Tu Misión de Vida"** te hablaré de la importancia que tiene poner TU PARTE en cuanto a las manifestaciones. Porque una vez sanas, limpias y vacías, luego canalizas información y tomas ACCIÓN, nada te puede parar. Puedes lograr lo que deseas. Pero debes *"entrenar"* tu mente.

Partiendo de ahí vamos a adentrarnos en TU PARTE, TU MENTE.

Empecemos por algo que suele pasarse por alto y es muy importante...

LA PROFUNDIDAD DEL SUBCONSCIENTE; CREENCIAS

En mis estudios me detuve a investigar muchas horas, muchos días sobre esta parte; las creencias, ya que si hasta ese momento no había conseguido lo que quería era porque mi mente, mis creencias limitantes no me lo permitían.

Así que el estudio fue profundo. Empecé, como bien digo, por los libros de mi mentor y cuando llegué al tema de las creencias empecé a buscar más información sobre ellas y cómo otros expertos hablaban del subconsciente y cómo influenciaba en los resultados. No es que no fueran extensos esos libros, sino que <u>mi mente inquieta me llevó a seguir investigando.</u>

Leí otros libros donde se hablaba del método Psych-K, es un método de reprogramación de creencias basados en la Kinesiología y unos testajes haciendo preguntas para detectar la creencia limitantes y a posterior poder reprogramarla. También leí otro libros sobre una metodología muy sencilla y práctica, de cómo cambiar las creencias limitantes utilizando testajes para detectarlas, técnica de liberación emocional y reset emocional, todo ello aplicándolo con un imán por la cabeza. Incluso llegué hacer una sesión con una chica; la experiencia fue fructífera y empecé a tener resultados.

Seguí investigando, viendo vídeos de Bruce Lipton "La biología de la creencia", en el que cuenta que no son los genes los que controlan la biología, sino las creencias. Leí artículos y toda información me ayudaba a entender el proceso de la mente y de las grabaciones del subconsciente. Eso me llevó a mis orígenes como terapeuta en Reiki donde en el curso de tercer nivel aprendí a hacer terapia regresiva.

Con la terapia regresiva conocí lo que es la sanación psíquica del subconsciente. Mi maestra me enseñó a trabajar bloqueos o traumas del pasado e incluso de otras vidas, sanando así aquello que nos hace daño y no deja avanzar. Pero con mis años de experiencia y con toda la información que he ido investigando, como ya te he mencionado, he utilizado la terapia regresiva no sólo como sanación de bloqueos o traumas sino que también la uso actualmente para detectar las creencias limitantes que nos impiden avanzar.

Ya que **todo queda grabado en el subconsciente** y la creencia se originó en un punto, en una situación o un conflicto pues en ella está respuesta a todas esas preguntas que nos hacemos acerca de qué es lo que nos limita para no conseguir lo que deseamos.

Además de utilizarla con este método también la utilizo para la sanación del alma; el perdón y la gratitud. Te contaré, en los próximos capítulos, cómo se han sanado muchas personas, incluida yo, y además te explicaré cómo hacerlo.

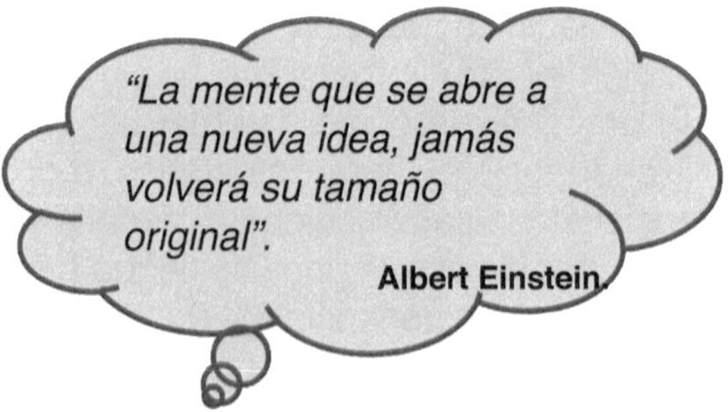

Con todo esto, quiero contarte que tomes el camino que tomes, elijas la terapia que elijas, **siempre, siempre, siempre elige lo que a ti te funcione.** Pero si te digo que si a mí me funcionó a ti también te funcionará. Todo lo que aquí te escribo está demostrado con resultados.

Todo el tiempo que estuve estudiando todo sobre las creencias, mis deducciones fueron que las creencias se forman repitiendo los nuevos hábitos, una y otra vez, cada día constantemente. Y haciendo cosas distintas e incómodas, repitiéndolas cambiamos nuestras creencias y rompemos los moldes que nos limitan.

Porque las creencias nos llevan a los pensamientos, los pensamientos determinan tus palabras que te llevan a un estado emocional, tus emociones te llevan a tus acciones y ellas determinarán tu resultado. Y si es así, tan sólo debemos de cambiar de creencia para tener otros resultados.

Fue impresionante averiguar cuánto poder hay en nuestra mente y que tenemos el poder de sanar. Y para empezar a sanar nuestra mente es necesario…

CLASIFICAR LOS PENSAMIENTOS

El Kybalión nos habla de principio del mentalismo y nos cita textualmente; "EL TODO es Mente; el Universo es mental" y eso significa que "cada una de las cosas que vivimos depende de nuestro pensamiento".

Todo lo que piensas se manifiesta. Algunas personas viven la vida como una bendición aprovechando al máximo sus vivencias y lecciones, en cambio, hay otras personas que viven la vida con sacrificio o siendo víctimas de todo lo que les pasa. Percibiremos nuestras situaciones en función de lo que pensemos.

Así que si el Universo es mental y todo depende de nuestros pensamientos, la primera tarea que tienes que hacer es "controlar el pensamiento".

Vamos a hacer un experimento. ¿Preparado/a?

Vas a utilizar los dedos de las manos para contar los pensamientos que lleguen a tu mente en los primeros cinco minutos. Utilizarás la mano izquierda para contar solo los pensamientos negativos y la mano derecha para los positivos. No entres en juicios ni trates de ordenar pensamientos, solamente toma el papel de contemplador del diálogo mental que se produce en tu interior y con rapidez decidirás en qué mano lo pondrás.

¿Lo has hecho? ¿No? ¿A qué esperas? Comprueba a ver qué mano se completa antes.

¿Lo tienes?

Por lo general, la mano izquierda se completa más rápido que la derecha.

Según estudios científicos, se ha demostrado que la mente humana produce alrededor de 60000 pensamientos diarios y que, en su mayoría, éstos son negativos. Así que podemos deducir claramente que: **<u>"No son los Pensamientos en sí lo que se manifiestan sino las Creencias que tenemos grabadas en nuestro subconsciente"</u>**.

SOLO LOS PENSAMIENTOS MÁS DOMINANTES O REPETITIVOS son los que se manifiestan, sobre todo aquellos que conlleven una carga emocional grande y un sentimiento de convicción.

Quiero que sepas, mi querida estrella valiente, que no hay manera que puedas mejorar tu vida si piensas todo el rato en el problema o catástrofe ya que sólo atraerás más problemas. Debes ser una persona de soluciones y no de problemas. Enfócate en buscar la solución con pensamientos positivos. Debes aprender que <u>"el peor de tus tormentos sólo está en tu mente"</u>.

Una técnica muy sencilla para anular el pensamiento negativo es utilizar la palabra...

¡¡¡CANCELADO!!!

Cada vez que te sorprendas pensando algo negativo debes pronunciar esta palabra como si fuese una orden. Repítela tres veces, verbal o mentalmente, con entusiasmo y firmeza. De esta manera, el pensamiento negativo no se adhiere al tu conciencia. **El subconsciente toma la palabra "Cancelado" como una orden y la ejecuta, interrumpiendo la manifestación de lo negativo.**

Después, debes afirmar a continuación lo opuesto. Decreta la verdad absoluta. Por ejemplo: Si viene a tu mente que puedes contraer una enfermedad debes repetir inmediatamente la palabra "cancelado" tres veces como si estuvieses tachando el pensamiento. Pero a la mente no le es suficiente con saber lo que no quieres, sino que necesita saber cuál es tu verdadero deseo. Inmediatamente tienes que revertir el pensamiento y reemplazarlo por uno positivo siempre en tiempo presente como por ejemplo; "Siempre tengo buena salud".

Evita la palabra "no" en tus peticiones o afirmaciones ya que el Universo y tu mente no entienden la negativa y produce un efecto inverso. Por eso decir "no voy a fumar más" termina fumando aún más; o quien dice "no quiero pensar más en mi ex-pareja" no puede quitársela de la mente ni un sólo instante.

También es importante "cancelar" los pensamientos ajenos. A

Cuida tus **pensamientos**,
Porque se convertirán
En tus **palabras**.

Cuida tus **palabras**,
Porque se convertirán
En tus **actos**.

Cuida tus **actos**,
Porque se convertirán en tus **hábitos**.

Cuida tus **hábitos**
Porque se convertirán en tu **DESTINO**.

Mahatma Gandhi.

menudo, cuando vamos de compras o nos encontramos con un amigo nos suele suceder que salen conversaciones como; "la economía de este país está fatal", "la vida en esta ciudad se está volviendo muy peligrosa", "ya no se puede confiar en nadie" y así un largo etcétera…

<u>Cada vez que te enfrentes a una persona con pensamientos negativos y no quieras que esos pensamientos te afecten y se instalen en tu mente debes "cancelarlo"</u>. Ya sea que lo escuches en un comercio, en la tele, en la radio, en el bus o en cualquier sitio, **¡Cancélalo! No importa dónde estés, puedes hacerlo mentalmente pero ¡Hazlo!**

Para hacer que el efecto de la palabra CANCELADO sea más potente puedes dibujar mentalmente una cruz como si tacharas encima del pensamiento. De esta manera visualizas la prohibición de que se vuelva a repetir el pensamiento.

Pero no solo debemos controlar los pensamientos ya que ellos en sí no son los que determinan los resultados, si no las creencias. Detectarlas será un gran paso para re-programarlas. Cambiar las creencias limitantes por creencias potenciadoras será el siguiente paso para conseguir lo que deseamos.

El truco está en tener…

LAS METAS BIEN DEFINIDAS

Durante muchos años de mi vida me he dirigido a mis objetivos y muchas de las veces no llegaba a cumplirlos, bien porque siempre encontraba obstáculos y abandonaba o bien porque dejaban de tener interés para mí. ¿Te suena? Esto sucede porque cuando te marcas un objetivo no tienes las metas bien definidas.

Las metas bien definidas te marcan claridad y enfoque. Sin esas metas definidas vas sin rumbo y ¿cómo sabes que estás por buen camino si no sabes hacia dónde vas?

Las metas te definen no sólo el camino, sino que te ayudarán a tener entusiasmo por conseguirlo. Te evalúan el estado actual y se define el objetivo a cumplir.

¿Qué te gustaría cambiar? ¿Qué preferirías tener en lugar de eso? ¿Cuál es tu objetivo, tu meta? Son preguntas que te ayudarán a descubrir realmente tu propósito.

METAS:

META1:____

META2:____

META3:____

META4:____

Para seguir y conseguir más claridad debemos siempre cuestionarnos lo siguiente...

¿Qué es lo que quieres conseguir?

¿Por qué quieres conseguirlo?

¿Por qué no lo has logrado hasta ahora?

¿Cuánto estás dispuesto a invertir?

¿Cómo lo harás? ¿Quién te ayudará?

Cuando te cuestionas todas estas preguntas estás dirigiendo tu vida hacia allí dónde quieres ir. Entonces con acción lo lograrás.

Coge una hoja y anota todas las respuestas que te vengan de las preguntas anteriores. Ésta es la primera acción que debes tomar. Anota todo lo que te venga.

Sigue los pasos y te llevarán al TESORO.

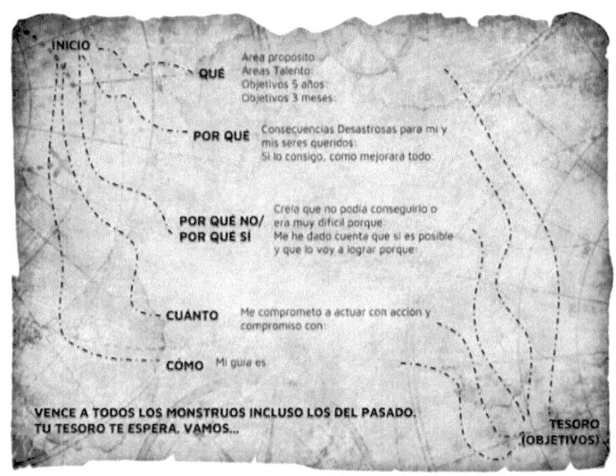

¿Lo tienes?

Es importante saber dónde vas y el motivo que te lleva a ir a ese lugar. Durante muchos años no hice caso a las señales que me estaban marcando los caminos a seguir y es por ello que siempre he estado vagando sin rumbo y perdida.

Mis guías espirituales me han estado guiando siempre. En todo momento y en cada circunstancia que se presentaba en mi vida. Tú, mi querida estrella valiente, debes hacer lo mismo. Escucha esas voces que te guían. Contribuye a la labor de seguir los pasos. Es difícil escucharlas o ver sus señales si no tienes claros tus objetivos y metas o bien si en tu mente hay creencias que te limitan. En ocasiones, es probable que sea porque antes de encontrar tu objetivo tengas que aprender algunas lecciones que fueron pactadas antes de nacer para que tu alma pueda restablecerse. Incluso lecciones de vidas pasadas. De estos pactos prenatales te hablaré más adelante.

Por lo pronto sigamos con la MENTE ya que nuestros guías nos llevarán a sanar todo en nosotros antes de continuar el VIAJE....

¡DETECTA!

Para captar y estar atento/a hay que detectar. Este será el siguiente paso. No puedes continuar haciendo lo mismo sin hacer nada. Hay que empezar a tomar las riendas de tu vida. Así que sigue cuestionando para detectar qué creencias te limitan hasta ahora conseguir lo que quieres.

Responde:

¿Por qué no has conseguido ya TUS OBJETIVOS?

¿Por qué no tienes aquello que dices que DESEAS?

¿QUÉ TE GUSTARÍA CAMBIAR EN TU VIDA?

Escribe 5 cosas que te gustaría cambiar para este año

ME GUSTARÍA CAMBIAR:

1.____

2.____

3.____

4.____

5.____

¿Lo tienes?

Continuemos....

¿Qué es lo que te impide conseguir lo que quieres?

¿Qué te frena? ¿Qué se interpone entre tu anhelo y tus logros?

Busca una creencia o hábito en ti que interfiere en tu camino hacia tus objetivos. No obstáculos externos, sino internos.

¿Qué miedos te están frenando y te impiden realizar tus sueños?

Quizás te estés preguntando el porqué de tantas preguntas. Ahora mismo debes cuestionarte y pensarás que a qué viene todo esto de detectar creencias que no tiene nada que ver lo que creas, sino que estás envuelto en unas circunstancias que no te permiten tener lo que deseas.

Ya te dije desde el principio que quizás dudarías de todo lo que leyeras aquí. Pero déjame decirte, que todo forma parte de un plan y que tú tienes que ser partícipe si quieres cambiar las circunstancias. También existe la posibilidad que sigas igual que siempre. Pero en este caso estaríamos hablando que no habría evolución. Además, probablemente todo se te pondría en situación para que de una forma u otra lo hagas. Porque como bien digo, hay unas lecciones y aprendizajes que tú pactaste y que tienes un plan, un pacto y debes cumplirlo.

Y entonces ¿por qué postergar?

¡Ponte en acción!

Si no respondiste nada de lo que te dije en las anteriores páginas es hora de ir atrás y empezar de nuevo. Lo malo no es que te retrases, cada uno tiene su ritmo. ¡Lo malo es que no lo hagas nunca! Siempre puedes volver a empezar y <u>si no se sabe empezar de cero se empieza desde uno.</u>

Igual estás dudando de que esto te sirva de algo, pero desde luego que si no lo haces posiblemente no te servirá de nada haber adquirido este libro. Recuerda tu involucración es IMPRESCINDIBLE.

Mientras tu dudas yo he tenido una canalización espontánea referente a una respuesta. Cuando existen dudas o miedos no podemos paralizarnos, ¡hay que actuar!

TODOS TENEMOS UN PLAN

"En el juego trascendental de la vida cometemos errores que hacen que nuestras almas se ensucien o lastimen. Esos errores son elegidos por ti y por las almas que te acompañarán para una lección muy importante.

Tienes una misión que debes cumplir, viniste a eso y si te vas sin cumplirla tu recorrido habrá sido en balde. Aun así habrás pulido parte de ti y habrás creado un nuevo mundo interno. Tu alma buscará la solución.

Siente tu caminar como un juego donde la partida empezó el día de tu nacimiento físico y terminará cuando tu cuerpo quede inerte. No será ni el principio ni el fin porque, querida alma, siempre recorrerás senderos y montañas, tendrás idas y venidas y siempre con la única misión de mejorar a la humanidad con tu sanación.

Sacude tus penas y lánzate. Mueve las fichas y sal de esa casilla sin salida ni retorno. Comienza el juego. Comienza tu camino. No te detengas. Lo importante no es llegar a meta el primero sino llegar a pesar de todos los obstáculos que tengas.

No te rindas, sólo mira hacia delante. Sana lo que dejas atrás y emprende este viaje. Viniste para sentir y amar, viniste para ser luz, viniste a iluminar. Y cuando llegues a la meta no olvides todo el recorrido que tuviste que hacer para llegar, siéntete orgullosa, alma valiente. Ahora podrás partir con el mejor de los aprendizajes realizado.

Luego llegará el momento de repasar el plan que pactaste y comprobar que lo cumpliste. Si es así pasarás a otro plan. Si no, volverás a tener el mismo con diferentes pistas y pruebas. ¿Serás tan valiente de cumplir tu plan?

*No lo olvides jamás, bella alma, **¡todos tenemos un plan!**"*

Canalización Global Directa Ancestral. Grandes Maestros.

DETECTA TU PENSAMIENTO

Es necesario que identifiques qué pensamiento tienes para captar la creencia que puede estar limitándote y que deseas cambiar.

Para darte una pista, están siempre detrás de algún comportamiento que quieres cambiar y para encontrarlo podrías preguntarte:

- ¿Por qué sigo haciendo esto?
- ¿Por qué sigo manteniendo este hábito?

ESCÚCHATE

Presta atención a lo que dices y a lo que TE DICES.

¿Qué piensas sobre EL DINERO? ¿Sobre la FELICIDAD? ¿Sobre Vivir en Abundancia?

Para poder cambiar algo primero tenemos que identificarlo.

- **Creo que**…ahora no es un buen momento…
- **Me temo que**…no voy a poder (miedo).
- **Confío en que**…sea así, que suceda (demasiada confianza).
- **Tengo fe en que**….todo se va a poner en su sitio.

Toma atención también a las **generalizaciones** del tiempo "todo me sale mal" o "estoy haciendo TODO lo que puedo". ¿Realmente estás siendo sincero/a? ¿Realmente crees que todo es TODO? Cuando hablas en estos términos estas entrando en el VICTIMISMO. Debes salir de ese estado y tomar el PODER DE CAMBIAR tu situación.

En ocasiones solemos **calificarnos** despectivamente cuando algo no nos sale mal. Observa cada vez que te tratas mal. ¿Te has sorprendido alguna vez diciéndote "soy tonto/a" o "qué inútil soy"?

Recuerda que tal y como piensas de ti es tu EGO, tú sólo eres quién CREES ser.

Fíjate que todo esto que te cuento no es más que una **toma de conciencia** de cómo piensas. Y cómo piensas de ti determinará no sólo tu estado, sino tus resultados.

OJO CON LAS "TRAMPAS"

1. *"Ayudar a los demás es de buenas personas."*

Y basándote en esa creencia tratas de ayudar a todo el mundo pero descuidas tu vida personal. Sin duda es una creencia positiva, pero deja de serlo en cuanto limita tu vida.

2. *"Para ser profesional hay que responder a las necesidades de la empresa"*

Y basándote en esa creencia permaneces en el trabajo muchas más horas de las contratadas deteriorándose tu vida social…

TOMAR CONCIENCIA

Debes tomar conciencia de los resultados que obtienes con esas creencias. Para ello es necesario que sepas qué consecuencias tienes pensando en ello. Pregúntate: ¿Qué me estoy perdiendo? ¿Qué gano pensando eso?

Esas preguntas son clave pues así descifrarás qué hay detrás de cada respuesta y al mismo tiempo hallarás la solución.

> *"Felices son los que tienen conciencia de su necesidad espiritual, puesto que a ellos pertenece el Reino de los Cielos".*
>
> **Jesús de Nazaret.**

Así mismo entrarás en un conocimiento espiritual al conocer la verdad absoluta de todo lo que realmente te ha estado obstaculizando para conseguir tus sueños. De ello depende plenamente en crear un centro de conciencia interior. Meditar es una buena opción. Reflexiona sobre qué es lo que de verdad deseas y anhelas.

De este modo y sólo así crearás un hábito de introspección que hará que tomes las decisiones correctas.

¿TE AYUDA?

Cuando te sorprendas diciendo alguna palabra que no te reconforta, pregúntate: ¿En qué me baso para decir eso? ¿Realmente pensar eso me ayuda?

Cuando vivía en un pueblo en el sur de Córdoba, en una ocasión me encontré en una tienda a una vecina y se dispuso a comenzar una conversación allí:

- ¡Hola, vecina! ¿Cómo va todo? Hace días que no te veo. - Preguntó ella.

- Bien. Mucho trabajo y proyectos nuevos. - Contesté. Ella me miró con ganas de saber más.

Se dispuso a pedir a la dependienta cuando empezó a contar algo que le habían dicho:

- Sabes, me ha dicho la vecina de enfrente que…- Antes de terminar la frase le dije:

- ¡Espera! Lo que me vas a contar ¿es cierto? ¿Sabes con certeza que es verdad?

- Bueno…- Pensó unos segundos y prosiguió- No estoy segura, pero es que esa vecina me ha dicho que…- Volví a interrumpir:

- Y eso que me quieres contar ¿es bueno o malo?

- Bueno...pues es algo que me he quedado un poco sorprendida porque no me lo esperaba...pero sí es algo malo.

- ¿En qué me puede ayudar lo que quieres contarme? ¿Qué es lo que puedo obtener de esa información? - Le volví a preguntar.

- ¡En nada! ¡Absolutamente nada!... sólo quería contarte que...- Finalmente la volví a interrumpir:

- Y si lo que me vas a contar no sabes si es verdad, es algo malo y encima no me va a servir de nada, entonces ¿para qué me lo vas a contar?

Muchas veces no somos conscientes de realmente si todo aquello que le prestamos atención nos sirve o no nos sirve para nada. Siempre digo que sólo cojas aquello que te sirva y sea constructivo. Deja a un lado lo que no es útil en tu vida, porque de lo contrario estarás llevando una carga innecesaria.

Así que vamos a ver otra cuestión a tener en cuenta...

¿CÓMO HA LLEGADO HASTA AHÍ?

Una creencia no surge de la nada. Hay algo o alguien que la ha traído a ti. Puede ser una experiencia en el pasado o bien la hayas heredado de alguien de tu familia, posiblemente lo que te enseñaron tus padres.

La cuestión es que tiene varias procedencias. Por lo tanto puedes cuestionarte lo siguiente: ¿Por qué crees eso?

- **Porque me ha pasado otras veces (experiencia).**

- **Porque me lo dijo mi padre/maestro/amigo (autoridad en el tema en cuestión).**

- **Porque es lo correcto (moral).**

Intenta ser lo más preciso/a en detectar con exactitud cómo llegó ahí. Todas estas creencias te limitan a obtener aquello que deseas. No son tuyas, la mayoría son creencias adquiridas y no permiten que entre tu deseo.

CUADERNO DE CREENCIAS

Te propongo crear un cuaderno en el que anotes todas las creencias que han regido en tu vida hasta el día de hoy.

Coge un cuaderno en blanco y lo divides en secciones de cuatro o cinco hojas:

La 1ª hoja llevará como título: "Mis propias creencias",

La 2ª hoja: "Las creencias de...mi madre" y así sucesivamente con todas las personas de tu entorno.

Te darás cuenta de que detrás de cada uno de ellas hay....

INTENCIÓN POSITIVA

Ahora te estarás preguntando: ¿Cómo va a ser positiva si tengo resultados negativos? ¿Cómo puede ser que algo que me está limitando sea positivo?

En un momento determinado de tu vida esa creencia tuvo un beneficio para ti. Me explico. Esa creencia que te llegó en ese momento puede ser que te protegiera de algún peligro, quizás de no hacer el ridículo, de pasar un mal rato, de una humillación, etc. En ese instante te sirvió para algo. Recuerda que nuestra mente nos protege de todos los peligros.

Pero como en ese momento nos sirvió, también te digo que ahora ya no nos sirve, ahora nos limita. Por tanto, es importante que sepas que su momento expiró y ahora debes detectarla para cambiarla.

Todo pasa, todo llega, todo cambia...

Pregúntate: ¿Qué hay de bueno en esa creencia que hace que mantengas ese pensamiento?

Tu respuesta es primordial para enfrentarte a ella...

¡DESAFÍALA!

Si encuentras una creencia que no te beneficia en nada ni te ayuda ni te hace sentir ni vibrar mejor entonces, **¡ES HORA DE CAMBIARLA!**

Por ejemplo, si piensas que eres demasiado mayor para emprender, o que si no tienes los suficientes estudios ¿crees que realmente es alentadora esta creencia? No ¿verdad?

Entonces ¿por qué no desafiarla? Busca ejemplos de personas que sí lo hayan conseguido. Existen personas que con mayor edad y menos estudios que tú lo han conseguido. Y si ellos lo han conseguido ¿por qué tú no? Si ellos pueden tú también.

Jan era un adolescente que vivía en Ucrania, pero a los 16 años tuvo que emigrar a Estados Unidos sólo con su madre, dejando a su padre atrás, en busca de un futuro mejor. En el camino se encontraron muchas dificultades: al ser extranjeros, tuvieron que adaptarse no sólo a un nuevo país, sino también a un nuevo idioma, nuevas costumbres, y nuevas personas y no fue fácil su adaptación. Su madre trabajó como niñera para ganar algo de dinero para mantenerlos a los dos, mientras él trabajaba limpiando en una frutería, y necesitaron de ayudas del gobierno para sobrevivir. Jan se interesó desde joven por la tecnología, y por eso se esforzó en trabajar todas las horas que pudo para ahorrar e ir a la universidad con 18 años. Cuando finalizó sus estudios, acudió a varias entrevistas de trabajo para que le contrataran, y al final lo hicieron en la empresa Yahoo. Allí conoció a Brian Acton, que junto con él, Jan Koum y su socio crearon una famosa aplicación y que ahora Jan tiene una fortuna de **8,6 billones de dólares**. ¿Te suena esta historia? Quizás no conozcas el nombre de Jan Koum pero y si te digo de qué aplicación se trata seguro reconocerás el éxito que ha tenido. Jan Koum es el **cofundador de la famosa aplicación Whatsapp.**

Así que, querido lector, sea cual sea tu situación debes saber que cualquier limitación que tengas sólo está en tu mente y que si otras personas con más dificultades que tú lo han logrado tú también puedes.

Sigue investigando…

CUESTIONA LA FUENTE

Ahora que ya sabes la procedencia y cómo llegó y para qué llegó en ese momento es hora de cuestionar la fuente de la que procede. Vamos a desterrar la creencia limitante:

Cuestionar la autoridad:

- **Eso que crees que es verdad ¿de acuerdo con quién?**
- **¿Qué autoridad tiene esa persona?**
- **¿Es cierto porque esa persona lo diga?**

Cuestionar la generalización de la experiencia:

- **¿Crees que necesariamente tiene que ser SIEMPRE así?**
- **¿Estadísticamente es así para el 100% de los casos?**

Quizás contestando a estas preguntas te sientas mal porque probablemente la mayoría de las creencias las heredamos de nuestros padres y pensarás que ellos lo hicieron por nuestro bien. Realmente es así. Ellos nos protegieron de lo que creían que era un peligro. Lo hicieron con la mejor de las intenciones, porque ellos también tenían instaladas esas creencias. Tienes que entender que ellos lo hicieron lo mejor que supieron. Ahora te toca demostrarles tú, con tus hechos, que esas creencias son limitadoras y que con nuevas creencias puedes lograr aquello que tanto soñaste. Créeme si te digo que los vas a honrar con las mejores bendiciones.

Siempre tendrás la elección de hacer las cosas mejor…

SIEMPRE PUEDES ELEGIR NUEVOS PENSAMIENTOS

Los nuevos pensamientos te llevarán a crear nuevas creencias que sean potenciadoras. Esas creencias nuevas tienen que tener la misma intención positiva que la creencia limitante anterior, sólo que esta vez la creencia será la ideal para desprogramar aquello que lleva tantos años programado en tu subconsciente.

Si la anterior creencia quería protegerte, la nueva creencia potenciadora también tiene que tener la misma intención de protección. Esta vez será de protegerte de aquello que te ha causado dolor. Por ejemplo, si hasta ahora has tenido la creencia de escasez económica y la intención era protegerte por algún peligro de perder el dinero, ahora con la nueva creencia debes tener la intención de protegerte pero esta vez será al contrario, creencia será para crear abundancia para que no vuelvas a pasar el sufrimiento de la escasez. Para ello tiene que doler lo suficiente como para no querer volver a sufrir por este motivo.

Es hora de pasar a una nueva creencia que diga "siempre es bueno emprender un nuevo negocio, nuevo amor, empezar a tener vida saludable y sobretodo disfrutar haciéndolo".

Suena mejor ¿no?

Para ello te animo a que seas muy valiente y...

VENCE A TU MONSTRUO

Sé que te he hecho reflexionar mucho. Quizás hayas dejado el libro a medias o hayas dicho que no sirve para nada o quizás lo hayas leído en miles de libros.

De hecho yo lo he hecho, mi mentor me lo ha enseñado, a vencer todos mis temores. Sin embargo, mi forma de vencer a mi monstruo ha sido enfrentándome a mi pasado y desde allí plantarle cara al monstruo grande.

Existen muchas formas de vencerle solo debes encontrar la tuya. La mía como ya te he dicho, es trabajar mi mente de forma consciente con todos los pasos que te he marcado y los que te voy a exponer a continuación, y de forma subconsciente con la terapia regresiva, en ella entro y creo nuevas creencias eliminando las antiguas para lograr los resultados deseados.

Pero la verdad es que si has llegado hasta aquí es que ¡has vencido a tu monstruo! El primer monstruo que te encuentras es el de la RESISTENCIA, el que tu mente interpone delante de ella para que no te atrevas a continuar indagando y profundizando. Recuerda que ella siempre intentará mantenerte en la zona de confort.

Pero si cambiamos nuestra de zona de confort y le mandamos ese mensaje a nuestra mente ella ya no reaccionará de la misma manera que antes. Bueno en realidad sí, sólo que esta vez la zona de confort ya no limitará si no que será atraer lo que deseas. ¿Me sigues?

Quizás te cueste porque no sabes quién es tu monstruo y si lo sabes no sabes exactamente de qué te tienes miedo o de qué intenta asustarte. Pero es exactamente lo que él quiere, crearte confusión es su trabajo.

Sí, sí tu monstruo. ¿Sabes quién es tu monstruo? O mejor dicho ¿sabes qué es? Tu monstruo es tu creencia limitante, tu monstruo son tus peores temores, tu monstruo es ese grandullón que siempre te ha mantenido en el mismo lugar de siempre. Ese es el monstruo mayor, el que se cree indestructible. Pero sabes, si eres valiente y tomas acción los pequeños monstruos que protegen la fortaleza del monstruo mayor se morirán, entonces podrás ir a vencer el monstruo mayor sin miedo.

Los monstruos pequeños son los desafíos, los miedos a tomar decisiones y acciones y el monstruo mayor es el que está en tu mente subconsciente grabado; las creencias limitantes, causadas por algo de tu pasado, incluso de otras vidas. Muchas de ellas están tan arraigadas que vas a necesitar toda la ayuda posible para eliminarlas.

> *"El hombre valiente no es el que no siente miedo, sino aquel que conquista el miedo".*
>
> **Nelson Mandela.**

Ahora te brindo un descanso, es momento de...

REFLEXIÓN

Piensa. Has estado mucho tiempo en un mismo lugar. Has leído mucho sobre la mente, el subconsciente, sobre todo lo que has tenido que hacer. Puede que hayas tenido resultados y ahora vuelve a caer en tus manos otro libro más de lo mismo ¿no? Pues siento decirte que no es así, mi querida estrella valiente.

Quizás te hayan hablado de todo lo que te he hablado hasta ahora pero este libro es singular, es único. Y dirás ¿qué tiene de único? Pues este libro está canalizado por mí a través de mi guía espiritual y él/ella me ha transmitido toda esta información desde otro plano. Primero me ha guiado en mis pasos para llegar hasta aquí, luego me ha propuesto escribir todo lo que yo he aprendido dentro de mi propósito de vida. Que no es nada más que enseñarte el camino de los 3 procesos;

sanar, canalizar y transmitir, expandir a la humanidad tu sabiduría.

Como has podido ver hasta aquí, la palabra es la clave. Te lo dije al principio y ahora te lo quiero recordar pues es el inicio de todo. **Todo empieza por la palabra.** Y tal y como te dije, solo es cuestión de cambiar esa energía. Modificando pensamientos, hábitos, creencias, etc.

Sigue buscando aquellas que te hagan sentir bien y únelas. Practícalas como un mantra y así modificarás la energía. No busques palabras que te hagan sentir cómodo/a, sino más bien al contrario. La comodidad te llevará otra vez a la zona de confort.

> *"La vida no se trata de encontrarte a ti mismo, sino de crearte a ti mismo".*
>
> **George Bernard Shaw.**

Así que, si detectas el pensamiento sabrás qué hay que sanar del pasado y qué palabra es la que ha originado ese pensamiento.

En el pasado hay creencias limitantes causadas por una circunstancia o bloqueo, incluso de vidas pasadas. Si se detecta el pensamiento sabremos qué circunstancia del pasado ha sucedido a través de la terapia regresiva y así sanar, para modificar las creencias causadas por ese bloqueo.

Allí reside la solución y además se modifica la emoción que llevará al aprendizaje y resultados nuevos.

Hay estímulos y secuencias que te recuerdan que hay algo que sanar o te conectan con esa creencia instalada en el subconsciente. Eso te hará revivir la situación y asociar el dolor a ella.

Es por eso que es necesario que tomes conciencia de la importancia de detectar todos los pensamientos que tengas y modificarlos. Es hora que hagas tu parte.

Es hora de que tomes….

COMPROMISO

Antes de entrar en el tema en cuestión, déjame preguntarte: ¿Eres una persona comprometida?

¿Sí?

Entonces me imagino que practicaste todo lo que te propuse en los anteriores capítulos ¿verdad? Si no es así y solo leíste sin pararte a escribir y detectar todos tus pensamientos, entonces cierra el libro pues continuar no te va a servir de nada. Será para entretenerte y no habrás aprendido nada de lo que te he dicho.

Además, quiero que sepas, como te dije al principio del libro, que este libro tiene el poder desatar TU DON, El poder de sanar. Pero para ello es necesario que sigas las instrucciones que te marco ya que es así como a mí me funcionó.

Tengo la certeza que a ti también te funcionará porque son técnicas muy eficaces y están probadas pero para ello debes poner tu parte. No hay milagros, o sí, pero en todo caso no habrá resultados si no se hace nada.

Y ahora dime ¿Quieres cambiar algo en tu vida? ¿Quieres saber sanar todo aquello que te duele? ¿Quieres continuar con el maravilloso viaje de conocer TU DON y tener el Poder de Sanar? ¿Sí?

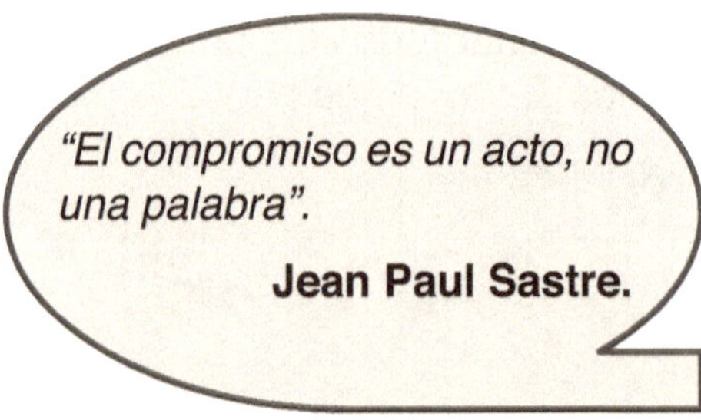

Pues entonces lo que te voy a contar ahora te sorprenderá….

MENSAJES MUY PECULIARES

Buscando los métodos más efectivos para cambiar aquello que tengo por aquello que anhelo, hallé la manera en unos mensajes muy peculiares. Como bien sabes soy canalizadora y mis guías me transmiten mensajes, pero también uso otras herramientas que me dan confianza a la hora de tomar decisiones.

Estas herramientas son las cartas y oráculos de las hadas, ángeles y otros seres que creas o no, existen. En ellas puedes descifrar mensajes y seguir sus indicaciones hace que se produzcan cambios muy importantes.

Con las cartas he descubierto que todo aquello que parecía tan complicado no lo es y que también poseen la habilidad para sanar y ayudar a todas las personas que las consulten. Por ahora uso cartas de algunos autores famosos por los mensajes pero en breve podré ofrecerte mi propio oráculo canalizado con las enseñanzas de mi guía.

Lo primero que descubrí es a tener…

HÁBITOS SALUDABLES

Formamos parte de la naturaleza, y en la naturaleza todo equilibrio es sano. Por tanto creando hábitos saludables conseguiremos tener mejor energía y vitalidad para preparar nuestra mente, nuestra alma y nuestro espíritu para nuestro gran cambio.

Sabemos que el ser humano es un ser de hábitos creado por unas costumbres. Estas costumbres empiezan siempre siendo actos conscientes y por repetición se crea ese hábito que nos llevará hacer cosas de forma inconsciente, o sea de forma automática, porque está grabado en nuestro subconsciente.

Así que si creamos nuevos hábitos, éstos con el tiempo, se quedarán asentados en nuestro subconsciente de manera que crearemos esos sueños o anhelos de forma automática. No vale sólo con desear, sino repetir. Cada día. No podemos impacientarnos con el progreso pues no se va a crear de un día para otro, sino con la constancia diaria.

Con los nuevos hábitos crearás aquello que desees y no sólo eso sino que contagiarás a todas las personas que te rodean. Todos cambiarán sus hábitos.

Hasta ahora, tus hábitos actuales no te han llevado a ninguna acción que vayan en la misma dirección que tu deseo. Así que con los nuevos hábitos dirígete y enfócate hacia tu deseo y entonces conseguirás el cambio.

Haz una lista de todos los hábitos que actualmente estás haciendo. Observa que es lo que haces de forma repetitiva y en automático.

Hábitos actuales:

____

____

____

____

____

Ahora responde: ¿Estos hábitos te llevan allí donde quieres estar? ¿Cumplen la función de acompañarte hacia tus sueños? No ¿verdad?

Haz una lista de los hábitos nuevos que sí te van a llevar a conseguir tus sueños. Para que tengas más pistas piensa:

- Lo que te hace conectarte cuando te sientes perdido/a.

- Lo que hace que tengas más vitalidad para recargar tu energía.

- Lo que hace que tengas el tiempo mejor organizado e incluso tener más tiempo para planear tus metas.

- Lo que te nutre de sabiduría y eres feliz haciendo.

Estas son algunas de las pistas que puedes observar para crear tus nuevos hábitos.

Ahora haz de nuevo tu lista, esta vez de tus nuevos hábitos.

Nuevos hábitos:

____

____

____

____

____

____

____

¿Lo tienes? ¡Genial!

¡Enhorabuena! Acabas de crear una conciencia superior y ya estás con un pie en el camino que te llevará a tus sueños.

Quiero felicitarte por todo lo que estás consiguiendo. Me siento muy orgullosa de ti, mi querida estrella valiente.

Te daré 3 GRANDES PILARES que a mí me han funcionado para crear milagros. ¿Quieres saber cuáles son?

LOS 3 GRANDES PILARES PARA CREAR MILAGROS

Estos 3 GRANDES PILARES son: LA PALABRA, LA IMAGEN Y LA SENSACIÓN. Para que un deseo se manifieste es necesario utilizar las tres como una unidad.

PRIMER PILAR: LA PALABRA

Ya hemos visto en los anteriores capítulos el poder de la PALABRA y lo que podemos conseguir a través de la intención y con la corriente de sanación, el agua junto con los símbolos.

Pero ahora quiero definir bien cómo utilizarlas. De qué formas de puede ayudar la palabra.

En la Biblia podemos encontrar ejemplos de cómo Dios creó la realidad a través del uso de la palabra. Él dijo: "Hágase la luz" y se hizo la luz. En el plano humano todo lo que nosotros decimos tiende a materializarse. En metafísica, la palabra hablada se puede utilizar para hacer afirmaciones, hacer decretos, hacer tratamientos espirituales como podría ser la Oración.

<u>LAS AFIRMACIONES:</u>

Una afirmación es una oración (frase) hecha en presente, en positivo y en primera persona, en la cual se describe aquello que se desea hacer realidad. La afirmación se utiliza para sembrar una idea nueva en nuestra consciencia. El primer paso es poner la idea en palabras y luego repetirla constantemente hasta familiarizarse con ella. Para que sean realmente efectivas se deben repetir con entusiasmo y convicción.

<u>LOS DECRETOS:</u>

Un decreto es una afirmación que se realiza una sola vez y de forma contundente. A diferencia de las afirmaciones, el decreto se hace utilizando una idea que ya está firmemente arraigada en nuestra consciencia, además de una gran carga emocional y un nivel muy alto de fe. El decreto es rotundo y no da lugar a ningún tipo de dudas.

Frente a un problema determinado, se puede decretar. Se manifestará en ese mismo instante. Luego se da las gracias y no se habla más del asunto. Hay que confiar plenamente en que el Universo manifestará la solución más adecuada. No hay que pedir las cosas a Dios o al Universo, sino que tienes que afirmarlas y las aceptarlas en tu consciencia. Dios como Padre perfecto y nos otorga absolutamente todo lo que deseamos, nuestra única labor es aceptarlo.

<u>TRATAMIENTOS ESPIRITUALES;</u>

Se llama tratamiento espiritual a un decreto más elaborado. Los tratamientos espirituales se utilizan para sanar a otras personas para ayudarlas a lograr sus objetivos, y por supuesto, para concretar los propios. Existen varios tratamientos pero los que más utilizo es la meditación, la oración, reiki y las canalizaciones con los guías espirituales. Todos ellos no solo sanan, sino que manifiestan el deseo y la intención con la que se mandan.

SEGUNDO PILAR: LA IMAGEN

Si una persona no es capaz de ver o visualizar aquello que desea, entonces nunca se manifestará. No se puede materializar un deseo que si no se ha concebido en la mente primero, ni se puede llegar a obtener algo que la imaginación no haya visualizado.

Para materializar un deseo se debe utilizar todo el poder imaginativo a fin de concebirlo en la mente con todos sus detalles. Deben visualizarse la forma, el color, la textura y todos los detalles que hacen a la imagen del deseo realizado.

Imagínate por un momento lo máximo que podrías llegar a ser en esta vida, cuáles serían tus condiciones de vida, tus bienes, tu trabajo, tu vida amorosa y social. Imagínate cuál sería la máxima alegría y el máximo triunfo para ti. No te limites a fantasear, no dejes que tus condiciones actuales formen una barrera. Juega con tu mente y piensa a lo grande.

La imaginación por sí sola no produce resultados, a la imagen visualizada se le debe agregar el componente principal; la emoción. Visualizar como si ya tuviéramos nuestro deseo y agradecer de antemano.

TERCER PILAR: LA SENSACIÓN

Es el paso más importante en el camino de la manifestación. Se debe utilizar la percepción de todos los sentidos para experimentar en el cuerpo aquella sensación que acompaña a la realización de la meta. Se debe escuchar, palpar, oler, ver, sentir el gusto y vivenciar cualquier otra reacción corporal que se identifique con dicho logro. Al crear esta vibración, la manifestación se produce en forma instantánea.

Estos tres pilares debes ponerlos en práctica a diario. Recuerda que la manifestación en la materia tarda un poco más que la percepción en el mundo cuántico o en lo que los astrales nos manifiesten, ya que lo sutil siempre es menos denso que lo físico.

Así que, te seguirá tocando trabajar un poquito más. Pero ya lo tienes, ya está ahí no te preocupes ya lo has manifestado en otro plano, solo te queda subir un escalón más.

¿Te animas?

ELEVA LA VIBRACIÓN AL MÁXIMO

TODO ESTÁ EN CONTINUO MOVIMIENTO...

"Nada es inmóvil, todo se mueve, todo vibra" *Principio de Vibración.*

Esto significa que Todo en el Universo no existe nada fijo o estable. Todo está en continuo movimiento, en continua vibración y que todo evoluciona hacia un nivel nuevo de existencia.

Cuando empecé con la Espiritualidad aprendí que todo está en constante cambio. Que todos tenemos que aprender a prepararnos para estos cambios y que sin ellos no evolucionamos.

El ser humano tiene la misión de evolucionar por naturaleza propia. Igual que un árbol tiene por naturaleza el crecer y sacar sus frutos, el ser humano debe transmutar, transformar o cambiar para evolucionar. Así es como entra en estados de conciencia más elevados y es cuando llega a la comprensión de dicha evolución.

Elevar tu vibración al máximo significa aumentar las posibilidades de lograr tus sueños. ¿Qué quiero decir con esto? Pues que todo aquello que deseamos tiene una vibración distinta a la que tienes ahora. Una vibración mucho más alta. Para ello es indispensable estar en la misma vibración y mantenerla para poder sintonizarla correctamente.

Un ejemplo muy claro sería la radio; si sintonizas una emisora donde está en la misma vibración (frecuencia) podrás escucharla perfectamente. Pero si hay interferencias pues resultará muy difícil. Eliminar esas interferencias será tu labor. Esas interferencias son tus pensamientos negativos.

"Las energías iguales se atraen" ***Principio de vibración.***

Por lo tanto, si elevas tu vibración al mismo estado vibracional de aquello que deseas lo atraerás.

Para elevar tu vibración puedes utilizar la misma fórmula que para el pensamiento positivo; Por ejemplo, si tienes miedo por tu salud puedes utilizar la palabra "cancelado" tres veces y a continuación repetir una afirmación positiva como "soy una persona sana" "mi cuerpo físico es saludable y fuerte". Luego debes verte a ti mismo/a saludable y feliz. Después debes sentir el funcionamiento correcto de cuerpo.

No existen enfermedades incurables; sólo existen enfermos incurables. Es decir, la enfermedad no existe; existe el enfermo.

Si entendiste a la perfección cómo funciona la vibración quiero contarte cómo GENERAR ENERGÍAS POSITIVAS...

CUIDA TU PALABRA

Como ya hemos visto en otros capítulos la palabra tiene una base muy importante tanto para los pensamientos positivos como para la vibración. Así que vamos a cuidar la palabra de manera armoniosa y amorosa.

> *"Las palabras abren puertas sobre el mar".*
>
> **Rafael Alberti.**

La Palabra tiene un Poder Creador, como ya te conté anteriormente. Vamos a aprovechar para crear amor, abundancia, felicidad.

Cuando las palabras salen del corazón son armoniosas. Nada puede salir mal si procede del corazón. Para ello, también es necesario tener el alma sanada. De ello te hablaré en los siguientes capítulos.

Evita discusiones y entrar en la crítica pues eso proviene del ego y el miedo. Usa palabras llenas de amor, _todos somos hijos de Dios o el Universo y Él nos ama a todos por igual._

Pero la palabra no es la única forma de elevar la vibración, te voy a mostrar varias opciones más...

VIBRANDO AÚN MÁS

Existen miles de formas de elevar tu vibración, pero, como ya te he dicho, elige siempre la que mejor te funcione. Eso sí, te recomiendo que las uses todas, pues si utilizas todas las herramientas y haces TU PARTE, el Universo hará la suya. Debes agotar todas las posibilidades posibles, ¡valga la redundancia!

SELECCIONAR IMÁGENES: Las imágenes positivas y agradables harán que la información que perciban tus ojos vaya al sistema reticular y mande una orden a tu cerebro que ocasionará felicidad y esa información quedará grabada en tu subconsciente. Si observas alguna imagen negativa o desagradable por ejemplo en las noticias puedes hacer el mismo ejercicio que te expliqué antes; utiliza la palabra "cancelado" y decreta la verdad.

SENSACIONES FÍSICAS: El placer es el camino más directo para aumentar tu energía vital. Practica todo aquello que haga sentir placer; actividades físicas, saltar, bailar, deporte, pasear, degustar un rico alimento, etc. La risa aumenta de manera descomunal el nivel energético de tu cuerpo. Rodéate de personas agradables y que te hagan reír. Evita estar en contacto con personas negativas. Concéntrate en las imágenes, palabras y sensaciones que te ayuden a vibrar en la frecuencia del amor.

MEJORA LA ALIMENTACIÓN: Hay alimentos que tienen la vibración muy baja como la carne, sobretodo la roja. Debes concentrarte en aquellos alimentos que te proporcionen mayor vitalidad. Vegetales, frutas, verduras, cereales. Si crees que puedes tener algún problema de salud o sobrepeso pide ayuda a un especialista para que te acompañe en el proceso.

MEJORAR TU POSTURA PERSONAL: Es importante mantener una postura corporal elevada; enderezar tu columna, mantener frente alta, brazos firmes, espalda recta, piernas preparadas para la acción. Todo ello no solo muestra una buena actitud frente a las adversidades, sino que la energía vital recorre con facilidad todo tu ser. Una de las prácticas más sencillas y que activa el sistema inmune es darse golpes en el centro del pecho, por el esternón, no solo eleva la vibración, sino que ayuda a eliminar estados depresivos o de angustia.

SONIDO "OM": Es el mantra más simple y efectivo. Es el sonido del Universo. Debes respirar hondo y, al exhalar, pronunciar lentamente y de forma progresiva "om" haciendo hincapié primero en la vocal y luego en la consonante. Sentir como tu cuerpo vibra y empezarás a notar tu vibración más alta llenando tu corazón de mucho amor, paz y bienestar. Es muy efectivo también para calmar a un bebé que llora y no puede dormir. ¡Compruébalo!

Estas formas son muy efectivas y lo sabrás si ya las has probado. Si comprendes la importancia de vibrar alto las habrás probado todas. Si no es así, no entendiste nada. Te brindo a continuar porque quizás lo que necesitas es conocer…

LA VIBRACIÓN MÁS PODEROSA QUE PUEDAS CONOCER

EL AMOR

El amor es la más alta de todas las vibraciones y la más poderosa. El amor todo lo cura, todo lo sana. El amor es la única fuerza del Universo y es el nivel vibratorio más alto que podemos alcanzar. Gracias al amor nos relacionamos, nos movemos, nos sanamos y nos expandimos.

No existen las clasificaciones en cuanto al amor. El amor es solo uno; el amor incondicional, el amor de Dios. El verdadero amor es que nace de nosotros mismos desde el amor de Dios y que se expande hacia los demás. El verdadero amor no necesita nada a cambio.

Muchas veces confundimos el amor porque lo clasificamos en unas casillas; pareja, amistad, etc. Entonces es cuando sentimos que debemos dar si recibimos y esa es la expectativa que rompe las relaciones. Creamos obligaciones y exigencias al otro y eso genera malestar. Existe luego el drama, la culpa y la manipulación que distorsiona y afecta muy negativamente a nuestro ser.

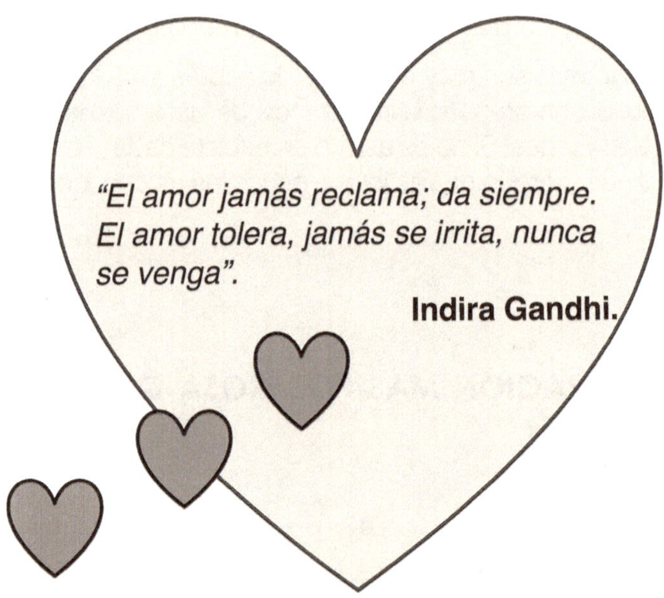

__El amor es la fuerza más pura que existe. El alma lo sabe y llega la llamada con sus palpitaciones. Los mensajes son contundentes y exactos, pues provienen de tus guías, ángeles y Dios. Toma acción y ve hacia esa iluminación. Crea y ten FE. Ya están aquí tus BENDICIONES. Ya está aquí tu ANHELO DEL ALMA.__

Canalizar me ha ayudado a tomar nuevos hábitos, a confiar y tener fe, a elevar mi vibración y mis emociones. ¿Seguimos?

EMOCIONES

Las emociones están ancladas en nuestro subconsciente y hace que se desborde un sentimiento que creará una creencia u otra. Me explico; si durante una experiencia se manifiesta una emoción positiva cada vez que revivas esa emoción causará el sentimiento de satisfacción y hará que tomes decisiones acertadas de acuerdo con esa creencia formada.

Por el contrario, si en esa experiencia es negativa, la emoción será de sentimientos de dolor, ira, resentimiento u otros sentimientos negativos que harán que reviva esa situación cada vez que el subconsciente relacione esa vivencia con otras.

Por consiguiente, la mente subconsciente lo relaciona todo con los hechos o sucesos que tenemos en nuestra vida. Y a veces no somos conscientes de cuando se desencadenó esa emoción. Esto sucede porque en la mayoría de los casos el inicio del bloqueo fue en vidas pasadas. De ello te hablaré más adelante cuando te explique el proceso del alma.

Así que es muy importante detectar toda clase de emociones y cómo las exteriorizas. En ocasiones se ven manifestadas en nuestro cuerpo físico, que como ya sabemos es el último eslabón y es cuando se materializa la emoción en forma de enfermedad.

Las emociones deben sentirse como algo latente en tu corazón con la energía del amor hemos visto cómo podía subir la vibración de manera poderosa e increíble. Haz que esas emociones traigan sentimientos positivos. Mantén tu estado emocional elevado y atraerás todo aquello que desees.

Para ello es necesario que pases a la acción siempre.

¡ACCIÓN!

Sabes que tienes que controlar los pensamientos, crear nuevos hábitos, mantener la vibración alta y equilibrar esas emociones con los pensamientos. Pero todo ello supone que tengas que invertir en tiempo, esfuerzo y dinero. ¿No crees? Ese será el precio que tendrás que pagar porque si no lo haces no estarás poniendo todo de tu parte para que llegue tu sueño. Y sin tu parte el Universo no hace la suya.

> *"El éxito está conectado con la acción. Las personas exitosas se mantienen en movimiento. Cometen errores, pero nunca abandonan".*
>
> **Conrad Hilton.**

Así que, si tomaste toda la acción posible, leíste y releíste este libro, marcaste lo importante, hiciste todo lo que te indiqué, ¡te felicito! ¡Eres un alma valiente!

Ahora toca ver...

LOS RESULTADOS

Como te dije al principio, este libro es poderoso, pero es por el poder que tiene para sacar tu poder de sanar, TU DON. Posiblemente hayas tenido ya alguna revelación o alguna palpitación con lo que te he contado hasta ahora. Si es así puedes debes saber que ya estás teniendo RESULTADOS.

Si aún no hay sentido nada o no tienes ninguna palpitación ni mensajes, no te preocupes, el Universo ya está confabulando a favor tuya. Ya está maquinando de qué manera mejor ayudarte. Continúa y prosigue en este maravilloso viaje que te llevará a conocer algo maravilloso en ti. Disfruta de este proceso tan increíble. Cuando menos lo esperes te llegará tu RECOMPENSA.

Pero también, quiero advertirte que los resultados dependerán de ti. De todo lo que estés dispuesto/a a hacer por conseguirlo.

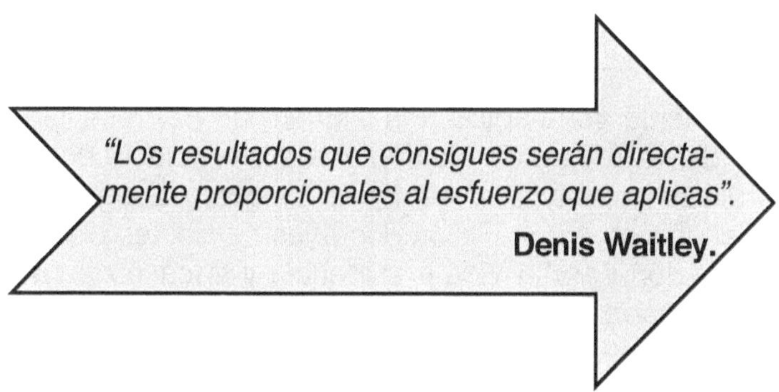

Quiero contarte, que una vez termines el libro, si no es antes, tendrás resultados inmediatos porque habrás conocido todos los aspectos de tu ser para sanarlos por completo. Sí has leído bien, ¡absolutamente todos! Hemos trabajado la mente y ahora nos dirigiremos al alma, y al espíritu. Una vez sanados, en el siguiente tomo podrás aprender a ver esos mensajes porque tendrás tu canal sano y limpio para recibir todas esas informaciones que provienen de seres más sutiles. Y cuando eso pase, conectarás con tu esencia Divina para encontrar tu propósito de vida con tu talento único, este será el tercer tomo.

Cuando tengas todos estos conocimientos verás cómo toda tu vida cambia, tu entorno, vendrán a ti todos tus sueños, tu familia tendrá muchísimas bendiciones y por fin podrás ver a todos tus seres queridos felices. Y lo más importante es que tú se lo habrás enseñado todo, porque lo has aprendido en este libro tan completo, donde he reunido todo lo que he aprendido en años y he invertido mucho dinero. Todo el mundo vendrá a ti para ver cómo lo has logrado y sentirás la satisfacción de poder explicar tus BENDICIONES.

Te quiero contar la historia de alguien que consiguió RE-SULTADOS y que no lo tuvo nada fácil. Pero con acción, perseverancia y con FE se puede lograr:

Este hombre experimentó múltiples fracasos, uno tras otro antes de llegar a la gloria. A sus 35 años estaba en la ruina. En 1833, cuando se recuperó de un ataque de nervios, intentó ser elegido a la Cámara de Representantes y perdió varias veces. No se daba por vencido y en 1848 perdió su segunda nominación al Congreso. Luego perdió el Senado en 1854. En los dos años siguientes perdió la nominación para la Vice-Presidencia y fracasó de nuevo en el Senado en 1858. ¡Woow! Con tantas derrotas cabe suponer que abandonaría. ¡Pero no! No se dio por vencido y en el año 1860 fue elegido presidente de los Estados Unidos. Dejó una gran trayectoria como uno de los más grandes presidentes de los Estados Unidos de América.

¿Sabes de quién estoy hablando? ¿Sí? Seguramente te suene esta historia. Te hablo de Abraham Lincoln.

Así que debes tomar mucha acción por tu parte, pero sobretodo ¡¡¡NUNCA NUNCA TE RINDAS!!!

¿Aún sigues pensando que este libro es como todos los que has leído hasta ahora?

Pues entonces no te debes perder lo que viene a continuación....

Resumen de la partida

Sabemos que todo lo que está en tu mente, está en tu mundo y que todo se manifiesta a otros planos. Que la mente intenta mantenerte en la zona de confort y que debes entretenerla para lograr cambiar aquello que deseas.

Hemos visto también que toda la información se almacena en una cueva donde hay un monstruo, las creencias limitantes, que debes vencer. Sólo lo puedes vencer con pensamientos positivos, marcando metas bien definidas, cuestionando y preguntando, encendiendo el radar que detecta las informaciones que tiene el monstruo. Partiendo de que todos tenemos un plan, debes escucharte, tomar conciencia, ver cómo el monstruo ha metido esa información en la cueva y ¡ojo que hace trampas!

A partir de ahí comienzas a ser más astuto/a que ese monstruo y empiezas a anotar todos sus movimientos, qué intenciones tiene, desafías y cuestionas de dónde y de quien ha cogido esa información y por fin ¡lo VENCES!

Pero no queda ahí la cosa. Para seguir manteniéndote en tu posición de VENCEDOR debes reflexionar, adquirir unos compromisos, escuchar los mensajes que te dan, tener nuevos hábitos a través de los grandes pilares; la palabra, la imagen y la sensación. También debes elevar la vibración para aumentar tu potencia y conectarte con la emisora que te avisará ante cualquier ataque de otro monstruo y unirla con las emociones agradables. Cuando tomes todas estas acciones tendrás los mejores ¡RESULTADOS!

¿Ahora lo ves más fácil, verdad? Estas son las indicaciones del mapa que te llevará a tu TESORO, pero eso sí, antes habrás tenido que VENCER TODOS LOS MONSTRUOS incluidos los del pasado. Esta parte tan sólo es la primera PARTIDA que debes pasar.

Como si de un videojuego se tratara ahora tienes que pasar a la ¡siguiente partida! ¿Vamos?

Pero antes te dejo una pequeña reflexión para que acabes de entender las normas del juego….

La Mente Consciente es la que se encuentra conectada con el Espíritu. Solamente al ser consciente de lo que vives lo puedes cambiar. La Mente Subconsciente es la equivalente al Alma; es el gran archivo de las experiencias de esta vida y de las anteriores. Finalmente, tenemos nuestro Cuerpo Físico, que es el vehículo principal para vivir las experiencias en este plano.

Ahora sí. ¿Estás preparado/a?

VAMOSSSS

FASE SET: Solución, Evolución y Transmutación

Una vez vencido al primer monstruo, las creencias limitantes que residen en tu mente, pasamos a la siguiente partida. Ahora toca vencer al monstruo del pasado. Este monstruo reside en tu alma.

En esta fase ya has subido un peldaño más y estás más cerca de lograr tus sueños. Ya has cobrado conciencia, aceptado y meditado. Ahora vas ganando la partida, ya sabes cómo funciona tu mente y cómo sanarla.

En la fase SET profundizarás en la SOLUCIÓN real, sanar el alma será la primera tarea que deberás hacer. Te contaré qué métodos me funcionan a mí y cómo hacerlos de forma sencilla. En el alma hay unos registros grabados que van de vida en vida que necesitan ser restaurados o sanados. Estos registros son conflictos o bloqueos de un momento determinado que han sucedido y se han quedado impregnados en el alma. Y como bien te he dicho ya en otros capítulos, el alma siempre busca el equilibrio. Y ¿cómo lo hace? Pues pactando unas lecciones antes de nacer y luego llevando esas lecciones a la práctica.

> *"No intentes jamás curar el cuerpo, sin antes haber curado el alma".*
>
> **Hipócrates.**

Una vez sanada, tu alma EVOLUCIONA. Llega a un estado de compresión y asimilación cuando esa lección es aprendida y trasciende. Empieza a reconocer y comprender el camino que ha recorrido y el que debe seguir tomando. Es cuando empiezas a conocer toda la verdad del porqué y a qué viniste.

> *"El alma se coloca en el cuerpo como un diamante en bruto, y debe ser pulida, o el brillo nunca aparecerá".*
>
> **Daniel Defoe.**

Después, tu alma eleva su conciencia a otro nivel, es decir, TRANSMUTA. Es una transformación álmica en la cual empieza a sentir otras necesidades.

Necesidades mucho más elevadas y consensuadas. Y aquí es cuando tú decides dar un paso más allá y evolucionar en todos los sentidos; personal, espiritual, emocional y mentalmente.

Así que resumiendo...fase SET: ¡Sanas, Evolucionas y Transformas! ¡Te marcas otro tanto!

Vamos a ver ahora cómo es....

TU FASE "SET"

En esta fase es muy importante reconocer en qué conocimiento te encuentras ya que para sanar el alma, tienes que tener una conciencia más profunda de tu ser. Este proceso te llevará a conectar con el pasado y desde allí sanarlo.

Practicar tu fase SET será como pulir un diamante en bruto. Un diamante que viene tallado de forma irregular y tendrás que ir dándole forma, pulirlo y darle todos los cuidados necesarios para que su brillo sea espectacular. Yo practico esta fase cuando siento que mi alma necesita de mis cuidados, ya sea por una situación en concreto que esté pasando y necesita analizar, o bien porque desee ver el significado de algunas informaciones que llegan canalizadas.

Esto es lo que hago yo...

Cierro los ojos y hago un recorrido visual de todo lo que en este mismo instante está sucediendo en mi vida. Observo qué acontecimientos están pasando en mi entorno e intento descifrar el porqué. Seguidamente, hago un listado mental de todas las soluciones posibles. Observo y me pregunto cuál de ellas es la más apropiada y que mi alma necesita. Cuando obtengo respuesta, entonces acepto mi función y misión para conseguirlo. Después llego a un estado de compresión y asimilación cuando esa lección es aprendida y dejo trascender. Empiezo a reconocer y comprender el camino que ha recorrido mi alma y el que debe seguir tomando. Y por último, observo cuáles son las nuevas necesidades de mi alma.

Como puedes ver es muy parecido al de la fase CAM. La diferencia está en el proceso en sí, que es un nivel más evolutivo. Pero no te preocupes que te voy a ayudar a reconocer tu fase SET.

¿Entendiste el proceso? ¿Sí?

Pues ahora te toca a ti.

SOLUCIÓN: Cierra los ojos y haz tu recorrido visual de la situación actual en la que te encuentras. Observa todos los acontecimientos que están pasando a tu alrededor. Haz un listado de todas las soluciones posibles.

Anótalos:_____________________________________

____

____

____

Ahora observa y pregúntate cuál de ellas es la más apropiada y que tu alma necesita.

Anótalos:_____________________________________

____

____

____

EVOLUCIÓN: Ahora acepta tu función y misión para conseguirlo. Anota todo lo que creas que debes hacer para lograrlo.

Anótalos:_____________________________________

____

____

____

Llega a un estado de compresión y asimilación sabiendo que esa lección tiene que ser aprendida y deja trascender.

TRANSMUTACIÓN: Reconoce y comprende el camino que ha recorrido tu alma y el que debe seguir tomando. Observa y medita sobre cuáles son las nuevas necesidades de tu alma.

Anótalos:_______________________________________

____

____

____

¡Muy bien! Ahora ya sabes cuál es tu fase SET y por dónde continuar, así que te invito a seguir...

Equilíbrate

EL PÉNDULO

Todo necesita un equilibrio, todo necesita restablecerse, incluida nuestra alma. Todo fluye y todo tiene períodos cambiantes de avances y retrocesos. Yo lo comparo con un péndulo. A veces nos sentimos en la cumbre, en lo más alto, y otras nos sentimos como aterrizamos en una profundidad, nos sentimos en lo más bajo.

Es normal sentirse así ya que todo necesita una compensación. Pero cuando el péndulo se mueve muy fuertemente lo que ocurre que nos vamos a extremos muy drásticos y es cuando nos vienen y van sucesos más impactantes.

A tu alma le ocurre exactamente lo mismo. Como ya te he contado, cuando eliges unas lecciones para aprender en esta vida, suele ser porque tu alma no aprendió algo anteriormente y desea pactarlo para esta vez. Y cuando aprendes esa lección tu alma encuentra ese equilibrio y siente paz y serenidad.

Pero para que el alma busque ese equilibrio debes ser consciente de esos estados o movimientos que causan el péndulo. Después de tomar conciencia, debes utilizar ese movimiento a tu favor equilibrándolo pero desde arriba. Me explico. En la anterior fase te conté la importancia de la vibración y cómo elevarla. Pues bien, ahora es el momento de ponerla en práctica con el péndulo. Si elevas la vibración subirás de posición en el péndulo. No estarás en la parte de abajo que te lleva de una lado para otro, sino que, mientras vayas subiendo, irás notando cómo cada vez que el péndulo se mueva tú estarás en una posición que no te afectará tanto. Es decir, tienes que lograr situarte arriba del péndulo, donde no hay movimiento de arrastre.

Vamos a profundizar y al mismo tiempo dar claridad a lo que te estoy explicando.

Por un lado tenemos a la Mente Consciente que corresponde al Espíritu. Por otro la Mente (pensamientos, etc.) unificada con el Alma que corresponde a Mente Subconsciente y que por último el Cuerpo que corresponde el Cuerpo Físico. Es decir, en el Espíritu se localiza nuestra "voluntad", en el alma es donde se almacenan todas las experiencias vividas y El Cuerpo es el vehículo necesario para vivir esas experiencias en este plano.

Si ordenamos estos niveles de existencia de arriba abajo (Espíritu, Alma y Cuerpo) y ubicamos el eje del péndulo en la parte más alta, podemos comprobar que la parte que más sufre el vaivén del movimiento pendular es el Cuerpo, ya que le toca el recorrido más amplio del péndulo. Después, por ese orden, el Alma sería la que se le sigue y, por último, el Espíritu, donde las emociones no cambian, aquí el movimiento pendular es mínimo o inexistente.

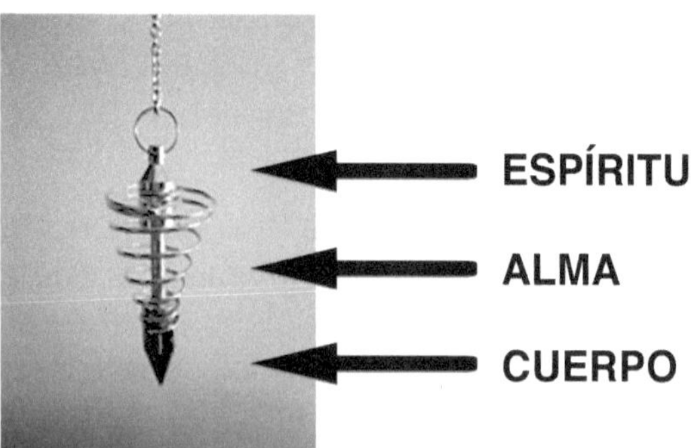

Por lo tanto, en la medida que vas ascendiendo a plano superiores, estos vaivenes pendulares van desapareciendo. Y esto lo lograrás cuando entres plenamente en el plano del Espíritu. Esto lo veremos en la siguiente fase.

Cuando aprendas a vivir en ese ritmo dejarás de sufrir. Cuando entiendas que todo tiene su ritmo y que unas veces una situación puede estar en estado de dicha y otras veces en estado de desilusión, entonces tendrás esa conciencia que te está elevando a la parte más alta del péndulo.

En el Universo todo tiene su ritmo; en la vida cotidiana lo podemos ver. Estudios demuestran que hay épocas del año que son mejores para los negocios que otras, igual pasa con algunos alimentos que suelen venderse o comer más en una época que en otra. Con las relaciones personales pasa igual. Curiosamente, hay datos, que indican que en invierno aumenta notablemente el número de anuncios personales que se publican en los periódicos. En otras palabras, con la llegada del frío, las personas buscan intensamente el calor afectivo. Así que podemos deducir que todo en la vida es cíclico, que está determinado por las estaciones y que cada estación está destinada a algo.

En mis cartas, las que utilizo para canalizar, se expresan soluciones en forma de estaciones. Cuando sale la carta de invierno casi siempre se refiere a la inclusión, recogimiento, meditación. Cuando sale la del verano, se refiere a la expansión de negocios o emprender algo nuevo. En primavera se refleja el florecimiento de algo que ya ha gestado en invierno. Y en otoño es cuando se deja liberar todo aquello que al emprender en verano debe dejarse atrás.

Resumiendo...Todo es cíclico, cambios de estaciones, día y noche, la respiración, el corazón, las olas del mar y también en el cuerpo femenino que responde a un ciclo determinado y por eso se dice que la mujer percibe intuitivamente los ciclos de la vida.

Te propongo algo que te gustará...

ADAPTA LA MELODÍA

La música es ritmo y tiene su propio movimiento pendular. El tipo de música que tú elijas definirá en gran medida la velocidad del péndulo. La música romántica oscila más lentamente, mientras que la música salsa o rock se moverá a mucha mayor velocidad.

Piensa en canciones que te gustan y elige tu favorita. Recuerda la letra y sobretodo el estribillo. Analiza el contenido y así te darás cuenta de los mensajes que has estado grabando en tu subconsciente.

¿Lo tienes?

Ahora, piensa en las canciones infantiles que cantabas o te cantaban. Haz lo mismo, analiza las letras y si aún las recuerdas y son negativas comienza a "cancelarlas". Cambia la letra de tus canciones preferidas. Elige otro final para la historia que cuentas. Busca letras que te inspiren confianza, amor, alegría, fe. Impregna tu Conciencia con música estimulante y alegre. Compruébalo y verás cómo tu vida empieza a transformarse para bien.

¡Genial!

Te voy a presentar a una enemiga con cuatro letras…

LA SERVIDORA DEL EGO

La duda es la servidora del ego. Te recuerda que tienes que elegir entre ideas que se contradicen entre sí. Te crea caos y conflictos internos creando inseguridad. Es normal sentir duda, pero debemos elegir nuevos pensamientos que tenemos que trabajar y hacer desaparecer cualquier vestigio de duda en nuestro interior.

La duda crea inseguridad en el alma. Hace que no tomes las decisiones correctas y que tu alma anhela. Todos tenemos dudas en algún momento determinado y sobre todo cuando nos dicen que tenemos que hacer y qué funciona. Nuestra mente al estar programada con otras creencias distintas hace que salten las dudas. Pero sabes, tu alma se resiente con la duda. <u>Postergas aquello que tu alma necesita y tarde o temprano llegará</u>.

Una clienta en una sesión de canalización acudió a mí porque se sentía confusa con sus sentimientos y además le llegaban los mensajes y ella no entendía. No eran solo mensajes de intuición o mentales sino que los tenía en forma física. Me explico. Sentía cómo había personas en su vida que se alejaban, sentía mucho amor por algunos seres y por otros no, en fin estaba muy confundida.

Después de unos minutos y entrar en la canalización donde me comuniqué con sus guías espirituales, me comunicaron que ella había pasado muchos conflictos bélicos y de sufrimiento en otra vida y que había tenido que reservar mucho sus sentimientos, además de ver cómo personas queridas eran arrebatadas o alejadas de ella. Esto le llevó a la comprensión, pero en parte no le aliviaba porque quería encontrar paz y tener los sentimientos claros. Pocos minutos después seguimos con la canalización, esta vez consultando unos oráculos y ahí descubrimos que en realidad los mensajes que recibía no era solo de que su alma tenía que sanar sino que un ser querido que ya no está en este plano le quería comunicar que cuidara de alguien muy especial. Así también restablecería su alma equilibrándola. Cuando se lo comuniqué sintió un alivio muy grande, sintió que "le salía algo del cuerpo" y se liberó. Esto suele pasar cuando es entregado un mensaje de un ser querido que ya no está.

Esta clienta sintió mucho alivio, pero a la vez sabía que tenía que cambiar algo en ella, puesto que su vibración bajaba mucho, sobre todo por las noches y no le dejaba dormir bien. Le propuse una oración y que debía de subir la vibración.

Su situación, hasta ahora, le llevó a tomar decisiones muy drásticas debido a su baja vibración y entonces tomaba un exceso de ritmo que le provocaba unos vaivenes muy elevados en su péndulo. Lo llevaba todo a los polos opuestos sin darse cuenta.

Así que ahora no solo tenía la faena que le encomendó su espíritu familiar sino que tiene la tarea de equilibrar su péndulo sin llevarlo a la polaridad.

¿Te ocurre a ti también? ¿Sientes que todo es un sube-baja? Pues ahora te cuento cómo funciona…

¿BLANCO O NEGRO?

Todo en el Universo es doble, tiene dos polos. Polos opuestos. Son idénticos en naturaleza, pero diferentes en grado.

Nuestra misión es aprender a "armonizar los opuestos", el equilibrio de los polos. Tenemos que aprender a situarnos justo en medio.

Cuando vemos a una persona muy buena y luego la comparamos con otra que es muy mala, sabremos que estamos hablando de la misma cosa pero en diferentes grados de manifestación; cada una de ellas está ubicada en un extremo. Todos tenemos distintos grados de bondad y también de maldad. Las personas extremistas, para las cuales todo es **blanco o negro**, tienen más trabajo por hacer porque a ellas les resulta más difícil ser parcial o encontrar el punto medio, encontrar el equilibrio y "armonizar los opuestos" es una tarea más difícil para ellas.

La verdadera razón por la cual debemos aprender a armonizar los opuestos es **encontrar la unidad en todo.** Sabemos que en el Universo todo se unifica, un solo Dios, una sola Fuente, una sola Energía, un solo Amor; por lo tanto la diferencia que percibimos entre los polos no es real.

Debemos reconocer que el *"culpable"* también es *inocente.*

Ni el bueno es tan bueno, ni el malo es tan malo como parece. Nada es tan bonito o tan feo como lo vemos, que nada es tan caro o tan barato como pensamos.

Cuando encontramos la unidad en todo, encontramos paz.

Dicho esto, se puede decidir que: No se puede vivir feliz en el mundo material sin el mundo espiritual y no se puede ser feliz en el mundo espiritual sin ser feliz en el mundo material. Los dos extremos necesitan encontrar la unidad para lograr vida armoniosa.

Cuando estoy con alguna clienta en una terapia regresiva, podemos observar que en otras vidas han sido responsables de algún acontecimiento o situación que ha provocado dolor a otras personas; en esta vida es esa clienta la que sufre lo que vivió en la otra de manera muy parecida o exacta. ¿Qué quiero decirte con esto? Pues que el alma busca el equilibrio para subsanar el Karma creado en vidas pasadas. Ahora en ésta tienes la misión de armonizar el polo para no sufrir la consecuencia de los opuestos. Ya sabes que los polos opuestos no llevan a la armonización, por tanto, deberás equilibrarlo para encontrar esa paz.

¿Me sigues?

Te voy a poner un ejemplo muy claro. Imagínate un termómetro, sabemos que el mercurio sube y baja dependiendo de la temperatura ambiente. Marca unos grados de frío y otros de calor, pero ¿dónde empieza el frío y dónde empieza el calor? El límite no está en el grado cero. Cuando marca cero hace mucho frío. De acuerdo con los grados centígrados, para algunas personas el frío empezarán a sentirlo a los 15 grados, para otros, a los diez. Así que deducimos que su interpretación es subjetiva. Realmente no existe diferencia entre el frío y el calor. Cuando el termómetro marca grados menores, tenemos frío y cuando marca grados mayores, tenemos calor. Estamos hablando de la misma cosa: la temperatura.

Por tanto, debes saber que el equilibrio siempre te llevará a la armonización y a la paz que tanto tu cuerpo, tu alma y tu espíritu anhelan.

Vamos a ver cómo lo ponemos en práctica....

LA MAGIA DE LA TRANSFORMACIÓN

Seguramente te estés preguntando: ¿Cómo puedo llevarlo a la vida práctica? ¿Verdad?

Cada vez que te encuentres viviendo una situación extrema, es decir, que estás ubicado/a en uno de los dos polos y quieras revertir la situación, deberás comenzar a crear la energía de la polaridad opuesta. De esta forma, llevarás el "termómetro" a su punto medio. Si tienes frío enciendo la calefacción para buscar el calor que te falta para equilibrarlo y neutralizarlo.

Hay que tener en cuenta algo muy importante y es la naturaleza de los polos. Es decir, que si tienes más frío buscarás más calor y no más dinero. Si estás en la pobreza buscarás más dinero y no más calor o frío. ¿Comprendes?

Te voy a poner un ejemplo. ¿Has escuchado alguna vez decir: Por qué Dios no le da una pareja a esta chica tan servicial y tan buena? Pues la respuesta es que esta chica está generando la energía del servicio y la bondad y no la del amor. Son naturalezas distintas. Dicho de otra manera, no se consigue pareja con ser "bueno", sino con *AMOR*.

Así que ahora pasemos a la práctica.

Responde:

¿CUÁL ES LA POLARIDAD QUE TE FALTA DESARRO-LLAR? Recuerda que se tiene que buscar el polo de la misma naturaleza y comenzar a elevar el grado vibratorio. Ejemplo: Si necesitas resolver un problema de dinero tienes que seleccionar **pobreza/dinero.**

Anota:____

____

____

____

Tienes que empezar a desarrollar la energía del opuesto y lo puedes hacer con varias técnicas; afirmaciones, visualizaciones y otros métodos que te puedan ayudar a crear abundancia, subiendo la vibración de la riqueza. Empieza por visualizarte en una situación de riqueza, créala lo más real posible, ponle emoción y sentimiento, observa e interactúa con otras personas y mantente así durante varios minutos. Repite este proceso varias veces al día, durante mínimo 30 días.

¿Lo tienes?

¡Genial! Ahora toca "fingir". Sí leíste bien.

Cuando están visualizando todo lo anterior, tienes que sentirlo como que realmente ya fueses rico. Es un sentimiento y una convicción de que lo tienes en este mismo instante. Para eso debes "fingir" que ya lo has logrado, solo que tu mente tiene que creerse que de verdad es así.

Para eso es necesario que pongas la intención en ello. Después da las gracias en señal de que saber con certeza que ya lo tienes.

Para poner esto en práctica vamos hacer lo siguiente: Irás a un supermercado y compra un algún alimento o producto que compraría una persona rica, usa tu imaginación y toma acción utilizando la intención. Luego degústalo amorosamente y disfruta de ese momento.

¡Hazlo!

¿Lo hiciste? Espero que sí, porque esto es infalible. ¡No falla!

Esta técnica puedes utilizarla en problemas amorosos. Su polaridad sería Soledad/Compañía. Hacer los mismo pasos y cuando tengas que "fingir" puedes dar las "bienvenida a tu futura pareja"; ordenar la habitación, dejar cajones libres para su ropa, comprar un regalo, etc.

<u>Cualquiera que sea la polaridad que estés desarrollando, lo importante es que las acciones las hagas con entusiasmo y alegría, como un juego.</u>

Ahora toca generar otra energía muy potente....

DAR Y RECIBIR

Muchas personas se quejan que dan mucho y reciben poco. Esta persona está situada en los polos extremos y mientras se mantenga en esa posición, no habrá manera de que reciba algo. Esto se debe a que esta persona se mantiene en la energía de DAR y carece por completo de la energía del RECIBIR. Normalmente, este tipo de personas se sienten incómodas al recibir un regalo o cumplido, incluso a veces lo rechazan. ¿Eres tú una de esas personas?

Si es así, debes saber que para cambiar esta situación es necesario que aprendas a "recibir". Si recibes un regalo, agradece y bendice. Eres merecedor/a de todo lo que te brindas y ofrecen. Si no te sientes así tendrías que indagar qué programación hay en tu subconsciente, posiblemente creado por el pasado. Una circunstancia de una experiencia en cuanto a escasez o incluso culpabilidad. En muchas ocasiones viene de vidas pasadas grabadas en el subconsciente y el alma las reconoce como asociaciones negativas sobre la experiencia vivida.

"Toda relación es una relación de dar y recibir. El dar engendra el recibir, y el recibir engendra el dar".

Deepak Chopra.

Te cuento el caso de una chica que llegó a mi consulta porque siempre tenía el mismo patrón de hombre en su vida. Se repetía, relación tras relación, las mismas experiencias. Siempre acababa las relaciones destrozada porque lo había dado todo y nunca recibía ni una muestra de cariño o simplemente la abandonaban.

En este caso hay dos efectos claramente visibles; uno es porque por los polos opuestos, es decir, esta chica usaba un polo excesivo de naturaleza distinta. Quería amor pero ella ofrecía a gran escala bondad y servicio, entonces no podría recibir amor. Y por otro lado, no había aprendido a recibir. Se sentía culpable y no merecedora de lo que podía recibir.

En este último factor influye la programación en su subconsciente de vidas pasadas. Ahora te cuento. Decidimos hacer terapia regresiva y descubrimos que todas sus anteriores parejas habían sido en otra vida hijos suyos. Deduje que de ahí que sintiera protección hacia ellos pero ¿por qué no se sentía merecedora? Seguimos con la sesión y descubrimos que realmente lo que sucedía era que había sido una madre un poco descuidada y que tenía muchos hijos y no podía atenderlos a todos y ellos le reprochaban eso. Entonces el alma de esta chica decidió pactar en el acuerdo prenatal esta lección para aprender sobre esta energía del *DAR Y RECIBIR*. Así mismo, también sanaría la autoestima, el valor y la superación, junto con tomar decisiones firmes, la autosuficiencia y el amor incondicional.

Woww cuánto se puede saber con esta terapia ¡tan sanadora! Más adelante te cuento en qué consiste.

Vamos a poner en práctica la energía de Dar y Recibir.

Si eres de las personas que no reciben, tienes que desarrollar la polaridad del *"recibir"*. Debes trabajar con tu mano izquierda, ya que el lado izquierdo desarrolla la energía del recibir. Úsala aunque te cueste, con tiempo te costará menos, todas las tareas se volverán más sencillas. Si eres zurdo/a, tienes que invertir la regla.

Por otro lado, la mano derecha y esa parte del cuerpo desarrollan la energía del *DAR*. Si eres de las personas que dan demasiado puedes cerrar tu mano derecha y abrir la izquierda, moviendo los dedos hasta sentir calor en la mano. Así se activan los canales de recepción de nuestro ser. También es eficaz para dar si te cuesta. Ejercita tu mano derecha siempre que puedas sobre todo para tomar acción.

¿Lo probaste? Hazlo y verás los resultados, ¡son increíbles!

Te voy a seguir contando más sobre el alma. ¿Vamos?

ALMA: ¡CONTINUAMOS EL VIAJE!

En el primer proceso vimos la mente, que es la creadora. En este segundo proceso para sanar te hablaré del alma.

Como bien sabes, y ya te he contado a lo largo de estos últimos capítulos, que el alma es aquello que nunca muere en ti. Es donde quedan registradas todas tus vivencias y donde vida tras vida se almacena en nuestro subconsciente.

Por tanto, tu alma corresponde a tu Mente subconsciente. Y partiendo de eso, debes tener en cuenta que todo lo que tu alma ha vivido, sentido, adquirido, sea cual sea el sentimiento o emoción, queda grabado y actuamos según nuestras grabaciones.

Por eso pertenece en el segundo proceso ya que el alma, al estar conectada con tu subconsciente se encarga de transmitir una serie de información que, dependiendo la experiencia, será bueno o malo, difícil o fácil, feliz o triste. Todo dependerá de la emoción que haya generado esa experiencia.

Así que vamos a entrar en tu alma para sanarla. Buscaremos en tu subconsciente esas vivencias para ver la lección que esconden detrás. Esas situaciones suelen ser algo conflictivas o dolorosas ya que tu alma te reconducirá verdaderamente allí donde le haga falta sanar.

Ya sabes que el alma busca siempre el equilibrio y antes de nacer pactaste aprender unas lecciones. Con la terapia regresiva tu alma viaja a reconocer esas lecciones.

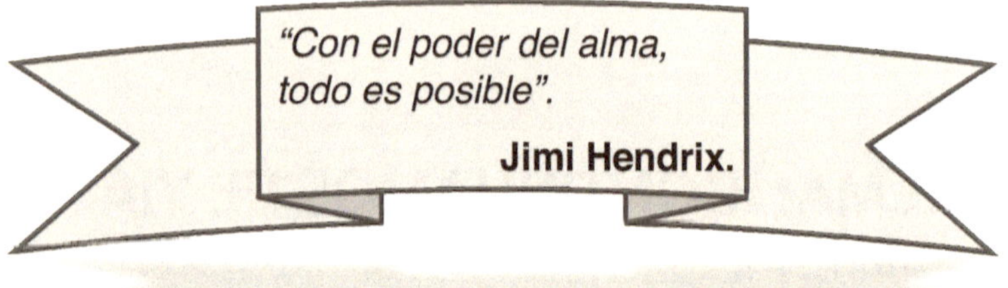

Cada alma tiene un proceso, cada alma sana lo que necesita y ha pactado, cada alma tiene unas necesidades y cada alma tiene un propósito.

Y cada acción tiene su consecuencia. ¿Lo crees? Te lo voy a mostrar…

LEY DE LA CAUSALIDAD

Toda causa tiene su efecto, todo efecto tiene su causa.

Todo, absolutamente todo lo que estamos viviendo en el presente ha sido generado en algún momento del pasado. Lo hemos creado consciente o inconscientemente en esta o en otras vidas.

Cuando algo bueno te sucede, producto de buenas acciones, te sientes agraciado/a, bendecido/a, feliz. Pero cuando se nos presentan situaciones negativas nos cuesta mucho aceptar que también hemos creado esas acciones. Es difícil entender ¿por qué y cuándo ha sucedido? ¿Cuándo he generado lo negativo? Déjame decirte que son muchos los planos de causación; algunos de ellos provienen desde muy atrás y que están tan arraigados al subconsciente que no sabemos con exactitud cuándo se generó. Pueden ser en la infancia y no recuerdas conscientemente, o bien, puede ser de vidas anteriores y, claro está, ese nivel de conciencia no lo tienes, por lo menos que tu recuerdes.

Además, existe otro factor que influye que es la de nuestros padres, abuelos, etc. que recibimos genéticamente. Es como una cadena de **"causalidades"** que pasa generación tras generación. En algunos de estos casos, lo que sucede es que a veces se ha creado esta ley en alguien de tu antepasado y tú por efecto de esa ley has recibido la contrapartida. Si sucede esto habría que indagar más profundamente porque posiblemente haya algún pacto o acuerdo kármico.

Existen muchas influencias, no sólo la genética, sino de la sociedad, la religión, la escuela, lugar de trabajo, las amistades, etc. Todos ellos nos causan un patrón o creencia que tomamos como verdadero y en consecuencia tenemos unos efectos u otro en función de cada creencia.

De ahí la importancia de crear pensamientos positivos, porque ellos te llevarán a tomar acciones positivas y el efecto será positivo. Elegir tus pensamientos es parte de tu "libre albedrío" y así es como tomas las riendas de tu vida, eligiendo el camino a tomar.

En muchas ocasiones no nos hacemos responsables de esos pensamientos y lo que ocurre es que tomamos el papel de víctima y echamos la culpa a otras personas. Sin darnos cuenta de que nosotros mismos hemos causado esa situación. Pero claro, es más fácil culpar al gobierno por la falta de trabajo, a tu expareja por la incomprensión o falta de amor, y así con todo que hacemos "culpable" de nuestro destino.

Cuando esto sucede, **debes investigar el origen real de las situaciones presentes**. Si estás viviendo un momento de soledad, no es que tengas "mala suerte" sino que esa soledad tiene un significado en tu vida, hay una lección detrás que debes aprender. Posiblemente sea que debes trabajar el amor incondicional o también puede ser que haya otra lección o pacto detrás de ese aprendizaje.

La forma más rápida que conozco, a parte de la meditación con el **Yo superior**, es, como ya te he dicho en repetidas ocasiones, la terapia regresiva. Yo lo que hago es lo siguiente; primero medito y luego entre en una autoterapia regresiva y así, al entrar en mi subconsciente localizo la lección o pacto que hay detrás de cada efecto no deseado.

Si te gusta orar debes tener algo muy presente; cuando meditas estás en diálogo con Dios porque te llega su respuesta. Cuando oras debes hacer lo mismo, porque si oras sin darle ese mensaje de recibir respuesta estarás produciendo un monólogo en el cual no escuchas la otra parte. Esta es la razón por la cual los religiosos dicen que Dios "no contesta a sus peticiones". Personalmente, lo que hago es lo siguiente; dedico unos minutos a la meditación para tener ese diálogo con Dios y mis guías y durante el día hago oraciones lanzándolas como decretos y, sin poner mente o expectativa, espero respuesta de Dios con acciones. Eso sí, cuando las lanzo, le doy las gracias por adelantado, ya que la gratitud es un acto de FE y es infalible.

¡Sus respuestas son inmediatas! Aquí te dejo una oración canalizada y que puedes comprobar tú mismo/a.

Dios Padre, te doy las gracias,

nunca me has fallado.

Dios Padre, te doy las gracias,

por estar siempre a mi lado.

Te pido claridad sobre (asunto)

Guíame por el buen camino.

Dios Padre, te doy las gracias.

Dame una señal de que me escuchaste,

y una respuesta tuya seguiré.

Dios Padre, te doy las Gracias.

A lo largo de muchas vidas anteriores has ido generando causas que determinan tu situación actual, tu presente. Si has hecho mucho bien en el pasado ahora toca vivir tu recompensa. Te sentirás "afortunado/a". Si has cometido muchos errores, puede que ahora te encuentres con problemas y dificultades.

La evolución, y misión al mismo tiempo, de tu ser, consiste en aprender esa lección y trascender. Equilibrar esta ley es tu labor. Cuando eso sucede y se aprenden estas lecciones, los problemas desaparecen.

> *"No pienses que no pasa nada, simplemente porque no ves tu crecimiento...las grandes cosas crecen en silencio".*
>
> **Buda.**

Quiero hablarte de algo que en muchas ocasiones se distorsiona y es importante conocer su verdadero significado...

KARMA

La palabra karma viene del sánscrito y significa *"acción"*; sin embargo, "en el budismo se refieren a ella como la ley de *causalidad*". Comparándolo con la ciencia, diríamos que el karma sería el equivalente a la ley de Newton, que dice que **cada acción conlleva una reacción** proporcional.

Por tanto, cuando hablamos de Karma estamos hablando de la Ley de la Causalidad. Pero muchas veces es malinterpretado como una ley de "venganza". En la Biblia se habla de una ley que dice: **"Ojo por ojo, diente por diente"**. Esta ley está basada en la ley de la causa y efecto y no como acto de venganza, es decir, que todo lo que hagas tiene su consecuencia.

> *"El karma es experiencia, la experiencia crea memoria, la memoria crea imaginación y deseo, y el deseo crea de nuevo el karma".*
>
> **Deepak Chopra.**

El karma va asociado con la *intención*, es decir, que todo generará karma según con la intención que lo hagas. Me explico. Si andas por un camino y pisas sin querer una hormiga, no generas karma ya que no tenías intención de hacerle daño alguno. En cambio si vas directo/a a esa hormiga, la pisas con la intención de matarla, entonces sí generas ese karma.

Esto ocurre con todo. Se aplica el efecto "boomerang"; si buscas perjudicar a alguien acabarás perjudicado.

Por otro lado, está el Dharma que es interpretado de varias maneras. Dharma en sánscrito significa "protección" y está relacionado con la "recompensa" por las buenas obras del pasado, según el Budismo. Pero en el Hinduismo, Dharma, cobra otro significado más profundo; Dharma es interpretado como una buena acción, virtud o deber superior, es el "propósito de vida."

Ahora que ya sabemos cómo funciona la ley de causa y efecto o lo que es lo mismo el karma podemos deducir que opera manifestando aquello que hemos generado en el pasado.

Sin embargo, habrás encontrado que aun haciendo buenas obras se te presentan problemas y entonces te preguntas…

¿POR QUÉ LE OCURREN COSAS MALAS A LA GENTE BUENA?

La respuesta es muy sencilla: por karma. Aunque una persona sea buena y tenga buenos actos en esta vida, quizás arrastre deudas de su pasado.

El karma une a las almas y las mantiene conectadas a través de distintas vidas. Realmente, conoces a tu grupo de almas porque tienes la sensación de que os conocéis de toda la vida. Y es porque has vivido más experiencias en otras vidas con ellas.

Esto quiere decir que nos reencarnamos por grupos en los cuales vamos intercambiando roles. Probablemente, si has sido madre en una vida, en la siguiente seas hija, o también pareja, amiga, etc. Por eso algunos hijos tienen actitud autoritaria con sus padres, o parejas sobreprotectoras.

Esto ocurre cuando el recuerdo de la vida anterior está muy marcado en el cuerpo emocional. Hay amigos como hermanos y así ha sido en otra vida. También familiares que no se soportan o se odian; cuando esto pasa es porque el Universo les lleva a nacer con la misma sangre para que se realice la conciliación en sus almas. **Esta es la manera de reequilibrarla y restablecer el karma.**

En mi experiencia personal tengo que decirte que indagando en mi vida sentimental y amorosa he descubierto que mis anteriores parejas habían sido todos hijos míos. No siempre en la misma vida pero sí que están repartidos en varias. Pues ahora entiendo el lazo que tenía tan fraternal con ellos y que a pesar de que yo ofrecía amor, recibía amor pero no el amor de relación de pareja sino el amor que siente madre/padre-hijo/a.

Así que podemos decir que nuestra vida no está guiada por coincidencias, por lo que no puede existir el **victimismo.**

> *"Cada uno recoge lo que siembra".*
>
> **Buda.**

El monje Gueshe Thubten Chöden, lama residente en el Centro de estudios tibetanos Nagarjuna explicó en una entrevista para el diario "EL MUNDO" que:

"Todo ocurre por algo y esta es la única explicación que puede existir a la desigualdad en la que vivimos. Gozar de privilegios por nacimiento, vivir entre desastres naturales, sufrir de mala salud... **son experiencias vitales** bajo la responsabilidad personal de cada uno."

Para mí, siempre pienso que debemos obrar siempre con buenas obras, independientemente del karma y de las consecuencias. Ya tendremos tiempo de saldar todas esas deudas, de eso no escapamos. Mientras tanto, ¡vive y sé feliz!

A medida que la población crece, van llegando "almas nuevas" que vienen a ayudarnos a elevar nuestra consciencia. Lo mismo que nosotros iremos hacia otro lugar cuando hayamos concluido nuestra misión y hayamos aprendido lo que teníamos que aprender aquí. El crecimiento y evolución son infinitos, debemos disfrutar de este viaje.

Volviendo a la entrevista del monje Gueshe Thubten Chöden, en el diario "EL MUNDO", te dejo algo que me llamó la atención:

"Sin embargo, cabe destacar que las **deudas kármicas** no se van pagando simplemente por sufrir sino que es necesario "aprender la lección". Además, es posible morir sin haber limpiado completamente tu karma y esto es algo que se relaciona forzosamente con la reencarnación. Incluso, "las consecuencias de nuestros actos pueden dar frutos en la **siguiente vida**".

Partiendo entonces de esta explicación quiere decir que en la siguiente vida pactamos con nuestro grupo de almas aprender esas lecciones…

ACUERDOS PRENATALES

Antes de nacer, elegimos tomar un cuerpo físico y **escogemos las experiencias que queremos vivir**. Escogemos también a nuestros padres, hijos, hermanos, amigos y demás. Se pacta un acuerdo con nuestro grupo de almas que van hacer esos roles en la siguiente vida y se firma un *"contrato"*.

Algunos lo describen como "contrato kármico" sin embargo, otros lo llaman "acuerdos prenatales", con este último me siento más identificada porque no sólo se acuerdan deudas kármicas, sino que se pactan los roles, la familia, el sexo, las lecciones y también se elige los momentos experimentales como humanos, es decir, que tienen el libre albedrío de escoger en vida si tomar un camino y otro y si aprender la lección o dejarla para más adelante.

"Los encuentros más importantes ya han sido planeados por las almas antes incluso de que los cuerpos se hayan visto".

Paulo Coelho.

Robert Schwartz, en su libro "El plan de tu alma", nos habla de la "planificación prenatal". Robert reunió a varias personas, cada una con una experiencia o trauma distinto y con la ayuda de un grupo de videntes y canalizadoras descubren las planificaciones prenatales de esas personas que se prestaron para dar su testimonio. Sorprendentemente, han logrado entender que todo lo pactaron antes de nacer; adicciones, accidentes, muertes de seres queridos, enfermedades. Y todo con la única misión de aprender una lección.

En mis años de experiencia como terapeuta, he experimentado en alguna ocasión, tanto en clientes como en mí, la vivencia de esos acuerdos y ha sido espectacular saber toda esa información ya que se llega a una comprensión superior. En las canalizaciones con los guías espirituales también se me ha dado cierta información sobre los acuerdos. Son herramientas muy útiles para comprender y aceptar que estamos en un proceso evolutivo álmico.

<u>Después de esos acuerdos, se firma el contrato y cuando llegamos al plano humano, nos olvidamos de lo firmado y pactado. Empezamos a vivir la experiencia que hemos elegido.</u>

Resumiendo…

Según la ley de la causalidad o karma, todo lo que vivimos es el resultado de nuestros propios actos. Que contamos con un poder creador, y que a veces, damos un mal uso del mismo y creamos situaciones difíciles o dolorosas, creando así nuestro propio **"drama personal"**.

Pero ¿realmente sabes a lo que es debido? Es debido a una separación…

DESCONEXIÓN CON LA FUENTE

<u>La Fuente es donde reside el Poder Creador. La Fuente está en ti, está en tu corazón enraizada a tu sabiduría. Es el poder personal de crear aquello que manifestamos.</u>

Cuando hablamos de desconexión de la Fuente es debido a que desconectamos de ese poder. Cuando sentimos soledad, en realidad es una desconexión de esa Fuente. Aunque estés en compañía si no estás conectado a tu Fuente seguirás sintiendo la sensación de soledad.

Podríamos comparar el efecto de esta separación con *"el pecado original"*. En la Biblia, esto explica cómo Adán y Eva fueron expulsados del Paraíso. Esto se interpreta que fueron desconectados de la Fuente, de la verdadera Fuente. Esa desconexión es la que genera todos los miedos, angustias, preocupaciones y problemas mayores.

Volviendo a Adán y Eva, Laín García Calvo dice en su libro "La voz de tu alma" que la interpretación es que Adán es el cuerpo y Eva la mente. Así que, con esta conclusión podemos tener una idea más clara de esa desconexión. Es decir, si no hay conexión entre Adán y Eva que son la misma persona, mente-alma y cuerpo, y la Fuente es cuando son expulsados del Paraíso y conocerán el dolor. De ahí la importancia de la conexión con la *FUENTE*.

¿Me sigues?

El Zen te pide que salgas de la cabeza y vayas a la fuente básica...

No es que el Zen no sea consciente de los usos de la energía en la cabeza, sino que si toda la energía se utiliza ahí, nunca te darás cuenta de tu eternidad...

Nunca vas a saber, a modo de experiencia, en qué consiste ser uno con el todo.

Cuando la energía está precisamente en el centro, vibrante, cuando no se desplaza a ninguna parte, ni a la cabeza ni al corazón, sino que está en la mismísima fuente de donde el corazón la obtiene, vibrando en ella...: esto es el verdadero significado del zazen.

Zazen significa que basta con ubicarse en la propia fuente, sin desplazarse a ningún lado, para que surja una fuerza tremenda, una transformación de la energía en luz y amor, en una vida más grande, en compasión, en creatividad.

Puede tomar muchas formas, pero primero tienes que aprender a permanecer en la fuente.

Entonces esta decidirá cuál es tu potencial.

Puedes relajarte en la fuente, la cual te llevara a tu verdadero potencial.

Comentario

Cuando hablamos de estar enraizados o centrados es de esta carta de lo que estamos hablando, de La Fuente.

Cuando iniciamos un proyecto creativo es con esta fuente con la que sintonizamos.

Esta carta nos recuerda que hay una vasta reserva de energía disponible para nosotros, y que podemos obtenerla no mediante el pensamiento y la planificación, sino permaneciendo lo suficientemente enraizados, centrados y silenciosos como para contactar con ella.

Esta fuente está dentro de cada uno de nosotros como un sol personal, individual, que nos da vida y nos nutre.

Es energía pura, disponible, vibrante, lista para proporcionarnos aquello que necesitemos a la hora de llevar algo a cabo y para darnos la bienvenida cuando volvamos a casa y queremos descansar.

Por tanto, ya sea que estés en el comienzo de algo nuevo y necesites inspiración ahora mismo, o que hayas acabado de terminar algo y quieras descansar, ve a esa fuente: siempre te está esperando y ni siquiera tienes que dar un paso fuera de tu casa para encontrarla.

TAROT OSHO ZEN

Reparando esa desconexión podemos sentirnos más felices, más plenos y completos. El proceso de liberación del karma empieza con el reconocimiento de la proyección que hacemos hacia los demás. Es decir, que _no hay culpables fuera sino que somos nosotros._ También, debemos modificar la palabra "culpable" por _"responsable"_; solamente hemos cometido errores que pueden corregirse. La palabra "culpa" pesa demasiado porque hay mucha carga emocional y no es conveniente pronunciarla.

<u>Una de las herramientas más potentes que conozco para conectar con tu Fuente es la meditación con el YO SUPERIOR para conectar con tu esencia Divina y Dios o el Universo</u>.

Pero de ello te hablaré más extensamente en la fase 3. Aun así prueba de hacer una meditación que te ayude a conectarte con tu Fuente.

Cuando conectas y despiertas espiritualmente reconoces y descubres que la Fuente de tu energía es infinita e inagotable.

Ahora toca "desarmar" lo que hemos construido, eliminando las culpas…

EL PERDÓN

<u>El Karma se disuelve por completo con la práctica del perdón.</u>

El perdón es la _liberación_ más grande que existe.

Cuando estamos en estados de apego por algún tipo de resentimiento, no nos deja ser libres por completo. Ese resentimiento nos mantiene unidos a ese ser al que no perdonamos de una manera insana. Se genera una energía negativa que se impregna en el aura, en el cuerpo emocional provocando así un desequilibrio bioenergético en nuestro cuerpo. Además, interfiere en las demás capas astrales haciendo que se bloqueen o que puedan interferir otras energías externas, dejándonos así desprotegidos de entidades desencarnadas.

Por otro lado, también interfiere, en cuanto a las capas astrales, al proceso de manifestación que nuestros guías y nosotros proyectamos en la quinta dimensión y lo traemos al plano físico. Es decir, cuando nuestros deseos están plasmados en el espejo dimensional a través de la visualización y la creación de resultados.

<u>Tu labor es desapegarte de esa energía que se representa en forma de cadena emocional y te ata a ti, incluso puede ser que esa cadena nos la imponga otra persona.</u> Pero no te preocupes, si alguien no nos perdona o siente sed de venganza, puedes disolver ese sentimiento tú, de esa forma, los dos os quedáis liberados. Sólo hace falta que una de los dos partes involucradas tenga la voluntad de escoger el perdón como solución al conflicto.

> *"Cuando liberes a los demás te liberas a ti mismo de tus cadenas".*
>
> **José Mª Jiménez Solana.**

El perdón se asocia con la comprensión y aceptación. Nos devuelve la <u>**inocencia**</u>. Cuando perdonamos la energía que se había impregnado en nuestro sistema energético se va disolviendo e instantáneamente deja de afectarnos; sentimos liberación, paz y empezamos a reencontrarnos con nosotros mismos como seres únicos y universales.

Debes ser consciente de todos tus actos. Cada pensamiento, cada acción es una causa que tendrá su efecto. La mayoría de personas que no perdonan necesitan descargar ese sentimiento, el de pagar por lo que les ha sucedido; necesitan vengarse, tienen sed de justicia. Lo que no saben es que esa situación es insana para ellos mismos ya que no les deja ser libres.

Cuando sientas esa clase de sentimientos practica el perdón y deja que sea la Justicia Divina de la ley de la causalidad quien se encargue de resolver ese asunto. Déjalo en manos de Dios, perdona y libérate.

En la Biblia también se encuentran los efectos de sanar con el perdón:

Cuando Pedro le pregunta a Jesús: *"¿Señor, cuántas veces debo perdonar las ofensas de mi hermano? ¿Siete veces?", y Jesús le respondió: "No siete veces sino setenta veces siete". (Mateo, 19-11).*

En el programa de las 15!, en el segundo proceso que trabajamos es el alma. En él, lo primero que hicimos es entender la importancia del perdón y la gratitud.

Hicimos una sesión de terapia regresiva en la cual les acompañé a reconducir a su subconsciente hacia una situación o un incidente emocional del pasado en el que sus padres o algún familiar cercano que estuvieran involucrados y terminará en enfado grande.

Una vez que localizan esa situación les posiciono uno enfrente del otro y que vivifiquen esa situación o conflicto. Me cuentan el enfado o discusión y cómo se sienten. Una vez descrita la situación, les digo que se pongan en el lugar del otro, literalmente. Es decir, que si están discutiendo con su padre que ahora esa persona será el padre y tendrá delante a la persona en cuestión.

Para que lo entiendas mejor te voy a contar uno de los casos que más me impactó en cuestión de sanación y a la vista están los resultados. Evidentemente, voy a ponerle otros nombres por cuestión de privacidad.

María había discutido con su cuñada y era incapaz de perdonarla porque la discusión había sido por y hacia sus hijos. Ella me dijo:

- Nuria, es que cuando te tocan a los hijos duele ¡eh! Y no puedo perdonarla. Si fuese contra mí me da igual, pero con mis hijos no.

Entendía que era una situación difícil ya que el lazo emocional era muy grande y que ahí podría interferir ese sentimiento de protección que tienen todas las madres. Así que le contesté:

- Te entiendo, María, como madre defiendes a tus hijos a muerte. Pero debes saber, que si no la perdonas, esas cadenas emocionales que os atan a ti y a tu cuñada también les afectan a tus hijos.

Y proseguí:

- Te explico. Las cadenas emocionales que no dejan liberarte provocando esos sentimientos negativos en tu aura y los cuerpos astrales. Esa energía puede estar a metros de distancia, incluso a kilómetros, ya que las capas son extensas. Y ahora dime: ¿Qué tan lejos están tus hijos de ti para no sentir y no impregnarse esa energía en el aura de ellos?

Segundos después contestó pensativa y reflexiva:

- ¡Están en casa conmigo! Tienes razón, Nuria. Debo hacerlo por mí y por ellos.

Cuando no perdonas no sólo afecta a la persona que no perdonas, sino a todo tu entorno ya que en el aura se queda impregnada esa energía negativa de resentimiento. ¡Y el aura puede extenderse kilómetros!

Si te encuentras en esta situación y deseas hacer una sesión para perdonar y liberarte a ti y a los demás, ponte en contacto conmigo. Escríbeme un correo a nuriasalabergillos@gmail.com y te ayudaré a romper esas cadenas emocionales.

Estas sesiones son altamente potentes y cuando terminas sientes una sensación de paz enorme. María, después de la sesión, perdonó a su cuñada e incluso en sus vacaciones pasó unos días en familia acompañada de ella y de sus hijos. Fue espectacular y me llenó de emoción cuando recibí un mensaje de María diciéndome que por fin podía sentirse bien compartiendo su día a día con su cuñada y que estaban pasando unos días maravillosos junto con sus hijos.

Cuando entiendes el poder del perdón no cabe otro tipo de sentimiento que no sea AMOR.

Pero quizás la tarea más difícil no sea el de perdonar a los demás…

PERDÓNATE

El perdón a uno mismo es el más difícil de lograr. No es porque cueste en sí, el procedimiento es el mismo pero la autocondenación suele ser muy intensa. Nos machacamos por todo. Sentimos como un juez dentro de nosotros, que no deja de ser la voz del ego, que nos dice lo tontos que hemos sido en aquello o en lo otro, en el error que hemos cometido en esto o en lo otro.

Debes aprender a callar a ese **Juez interno**. Perdonar no es sinónimo de debilidad. En muchas ocasiones confundimos perdonar con permitir. No significa que permitas a los demás que te vuelvan hacer lo mismo. Ahí vendría la lección que tendrías que aprender. Recuerda que todo lo has pactado, así que esa persona será tu gran maestro.

Perdonar significa entregar el problema al Universo, él sabe qué hacer. Perdonar también significa aprender a poner límites a los demás y defender nuestros derechos. Y lección aprendida!

Pero cuando hablas de perdonarte a ti mismo ¡ah, amigo! Eso es más complicado.

Sí es más complicado porque ya sabes que interfiere el Juez interno y él no deja que te liberes tan fácilmente. Pero no es imposible, sólo es cuestión de practicar más la práctica del perdón.

> *"El perdón es un regalo que te das a ti mismo".*
>
> **Suzanne Somers.**

En mi historia te conté cómo estuve más de veinte años condenándome por algo que hice y me sentía culpable. Algo que me atormentó durante muchos años. No me dejaba vivir y ser feliz. Me castigaba constantemente.

Hasta que fui al evento más revelador del mundo y allí vi mi niña interior en una meditación y todo lo que pude ver fue todo el daño que le hice a ese ser. Y también sentía que debía pedir perdón al que creí que le había hecho daño, mi hijo.

Así que días después del evento y volviendo a recordar la meditación con su canción, saqué valor y me liberé de esa carga de tantos años. Escribí una carta a mi hijo y a la vez sentí que me la estaba escribiendo a mí misma.

¡Fue espectacular! Pude sanar dos heridas en una sola carta. Pude pedir perdón y perdonarme. Me sentí liberada. Fue impactante descubrir que él me había perdonado porque él tenía una misión y jamás sintió rencor hacia mí. Cuánto amor brotó por todo mi ser. No puedes llegar a imaginarte lo que yo sentí ese día.

Las cartas son el instrumento más liberador que existe.

Te invito a probar. ¿Te atreves?

CARTAS LIBERADORAS

Las cartas son **liberadoras de emociones** y cada vez que las practicas te sientes mejor. Te recomiendo que las repitas siempre que te sea posible. Cuantas más veces lo hagas, más liberador será. El perdón no es un acto sino un proceso.

Este proceso puede hacerse de una sola vez, pero en la mayoría de los casos, el perdón requiere más tiempo. Ten paciencia contigo y con el proceso. <u>Recuerda la semilla cuando se gesta, ella necesita su tiempo para que salga el primer brote y luego para hacerse fuerte.</u>

En el proceso de perdón hay que seguir unos pasos:

1er PASO: <u>Reconocer</u> que la culpa no proviene de fuera. Reconocer que el responsable de todo lo que ha sucedido eres tú. No proyectes lo que ves pues eso proviene de ti. Debes reconocer que lo de afuera hizo activar una herida emocional que está en ti y por eso te enfadaste.

2ª PASO: <u>Aceptar</u> que la herida está dentro de ti. Ojo porque puede que tu ego te haga culpable de esa herida. Recuerda que eres responsable, pero no culpable. Todo puede corregirse. ¡No te machaques!

3er PASO: <u>Dejar ir</u> el sentimiento y **<u>ponerlo en manos del Universo</u>**. El Universo o Dios sabe qué hacer con ese sentimiento, incluso el de culpa. Él puede resolver aquello que necesita ser sanado.

Al hacer estos pasos, pones en manos del Universo todo el proceso de perdón, sanándote a ti y a los demás. Después **ocurre algo mágico**, observa lo que sucede. Se produce un "milagro".

Toca ponerlo en práctica, ¿vamos?

- Escribe una carta dirigida a tus padres, o a uno de ellos, o a la persona que quieras perdonar. Escribe todos los motivos por los cuales les perdonas. Escribe todo lo que te molestó, lo que te irritó, lo que te hirió. Después añades que lo entiendes, que lo hicieron que supieron, que todo era parte del plan y lección y que todo ha sido para un bien para ti. Recuerda los 3 pasos y déjalo ir. Deja que el Universo se encargue de todo.

¿Lo hiciste? Recuerda también que este libro desatará tu poder de sanar, pero que tú debes hacer los pasos sin dejarte nada atrás.

Si has continuado sin hacerlo entonces eres del 90% de las personas que no se comprometen consigo mismas. Si quieres cambios, ¡empieza por hacer!

Vamos a por la siguiente carta. En realidad son tres:

- Piensa en una persona que te haya hecho mucho daño, anota su nombre:_______________________

- Piensa en una persona que recuerdas con mucho cariño, pero ya no está en este plano, anota su nombre:_______________________

- Recuerda cuando eras pequeño/a, anota tu nombre:_______________________

- Ahora escribe tres cartas, una para cada una de las personas que anteriormente has nombrado, visualízalas y diles lo que quieras o sientas. Puedes poner un poco de música relajante de fondo mientras te contactas con esas tres personas. Te ayudará y sentirás mejor el proceso de liberación con el perdón. Diles todo lo que sientes, no te guardes nada. Recuerda los tres pasos también en este proceso.

¿Lo hiciste?

¿Qué tal te sientes? Uff, ¡¡es brutal ehh!! Es muy impactante. Cómo sientes que todos esos sentimientos brotan y salen. Cómo tu energía se libera de ese peso tan enorme que llevas cargando tanto tiempo. Imagínate cuántas personas se pueden liberar con una carta.

<u>En realidad, este proceso debe disfrutarse, saborear cada uno de los sentimientos que entran y salen. No reprimas nada, llora, patalea, grita, desahógate. No dejes ni una pizca de emoción guardada en tu corazón. Luego siente esa paz, ese amor como brota en tu corazón y te conectas con la energía Universal. Ahora espera tu "milagro".</u>

Cuando empecé a practicar el proceso del perdón me acordé de una frase que siempre me habían dicho cuando me enfadaba, aunque no recuerdo la procedencia, posiblemente fueran mis padres:

"Enfádate que tendrás doble faena; enfadarte y desenfadarte" jajaja ahora entiendo su significado. Curioso pero es así, al final tienes que hacer ese proceso porque ¿de qué sirve estar enfadado y rencoroso? De nada.

En cambio el perdón tiene muchos beneficios.

Déjame darte un último apunte sobre el perdón...

ERROR DE PERCEPCIÓN

El perdón es expresar una buena voluntad, tu deseo, de querer soltar ese lastre que te ha hecho tanto daño. A partir de ahí, el Universo pone el marcha el mecanismo para restablecer la armonía en tu vida.

<u>**El supuesto "daño" en realidad es un error de percepción.**</u> Te cuento. Uno de los motivos por los cuales no hay

culpables es porque cada uno hace lo que puede, cada uno hace lo que mejor sabe hacer en cada momento.

Si retrocedieras diez años atrás, ¿harías lo mismo que hiciste en aquella decisión? Claro que sí. ¿Por qué? Pues porque diez años atrás tenían un estado de conciencia diferente al de ahora. Siempre hacemos lo mejor que creemos en cada momento. Aunque estemos equivocados.

Las personas que nos rodean aprenden y enseñan, igual que nosotros a ellos. Por poco que te relaciones con ellas, existe esa lección. <u>De los peores momentos tenemos las mejores experiencias y por tanto mayores lecciones.</u>

Si haces uso de la facultad de elegir, pide al Universo lo siguiente: **"Pido al Universo que me enseñe de buena manera"**. Así eliges aprender sin dolor.

Y ahora que has aprendido a elegir pidiendo al Universo, vas a crear algo muy grande…

GRATITUD

La gratitud es detenerse para **tomar conciencia** y valorar todo aquello que solemos dar por sentado; una vivienda, comida, agua, amigos, familia, etc. Es dedicar un momento para reflexionar lo afortunados que somos por todo lo que tenemos.

<u>Nacemos sin nada y morimos sin nada. Todo lo que adquirimos en vida es un regalo que nos da el Universo. Cuando se llega a esa comprensión sin apegos ni posesión, vivimos de forma más agradecida.</u>

Agradecer todo es una señal de amor, amor incondicional. Amor hacia nosotros y amor hacia el Universo o Dios.

Sabemos que él siempre nos provee de aquello que es necesario para nosotros.

Cuando agradeces no solo tus dones, sino todas las situaciones que se presentan en tu vida, sean situaciones agradables o no, entramos en estado de comprensión y asimilamos que es una lección; entonces es cuando proyectamos la energía del dar y recibir. El Universo nos premia con sus bendiciones; es la manera que el Universo tiene para responder a esa emoción de dar gracias.

El Universo te lo devolverá multiplicado aunque sea por otras vías

---

Se pueden usar una gran cantidad de términos para describir el sentimiento de la **GRATITUD**; podemos decir que nos sentimos afortunados, agradecidos, favorecidos y mi palabra favorita, **BENDECIDOS**. ¿Cuál es la tuya?

Estar agradecidos no sólo nos hace sentir bien sino que practicar habitualmente la gratitud tiene efectos positivos para nosotros. La gratitud no es un sentimiento, es una voluntad que nace de nuestro amor, amor hacia todo lo que nos rodea. Por tanto, este impacto que provoca tan enorme en nuestras vidas se ve reflejado en nuestro entorno.

La palabra GRACIAS tiene un poder inimaginable. Prueba a dar las gracias por todo, hasta del aire que respiras porque sentirás un sentimiento indescriptible y una emoción que invadirá todo tu ser.

Te propongo algo. Haz una lista de diez cosas por las que estás agradecido/a o te sientes afortunado/a. Hazla cada día durante al menos 30 días. Prueba la magia de agradecer todo aquello que te rodea y te sientes bien. Cuando pasen los 30 días verás lo que sucede, incluso antes. Porque este poder que tiene la palabra GRATITUD es mágico.

Despúes si te apetece compartir conmigo tu experiencia puedes escribirme a mi correo electrónico contándome tu experiencia.

¿Lo hiciste?

¡Genial!

<u>Agradecer nos ayudará a elevar nuestra vibración, nos causará sentimiento de felicidad, de amor, de dulzura. Para sanar tu alma es imprescindible que utilices las herramientas del perdón y la gratitud de forma continuada.</u>

Pero no todo el mundo puede experimentar la gratitud. No todo el mundo siente que deba que dar las gracias por aquello que posee. Y esto es porque piensan que lo que tienen es suyo como sentimiento de posesión y apego material. Evidentemente, si compras un coche o una vivienda te corresponde a ti disfrutar de ello. Pero, párate a pensar, lo tienes porque se te ha provisto de todo eso antes. El Universo lo ha puesto a tu disposición. Es momento que le des las gracias.

> No es la felicidad la que nos hace ser agradecidos; es la gratitud la que nos hace ser felices.

Todos conocemos personas que tienen todo lo que necesitan, sin embargo, no son felices. Esto es porque no agradecen lo que tienen. No se sienten agraciadas. Por otro lado, hay personas que no son tan afortunadas, y sin embargo, irradian alegría y felicidad, simplemente porque son felices y se sienten agradecidas por lo que ya tienen.

Este último no hay que confundirlo con la escasez. La escasez no es felicidad. Pero para salir de la escasez sí hay que agradecer lo que ya tienes. Así el Universo te traerá toda la abundancia del mundo, la que te mereces.

Practicando la GRATITUD le darás un nuevo valor a tu vida.

<u>Si cada día logras hacer pequeños gestos de gratitud, lograrás un impacto positivo en tu vida y en la vida de los que te rodean.</u>

> *"Sentir gratitud y no expresarla es como envolver un regalo y no darlo".*
>
> **William Arthur Ward.**

Deja que la GRATITUD inunde tu corazón y se derrame a tu alrededor.

Ahora te toca dar las gracias…

CARTAS DE BENDICIÓN

Como ya has visto en las anteriores cartas, esta práctica es muy potente y efectiva. Así que vamos a hacer estas cartas que nos llenarán de bendiciones.

Esta voluntad de dar las gracias debes hacerla a diario. Observa todo lo que hay a tu alrededor. Después respira profundamente y siente cómo se llena tu corazón de felicidad al ver lo afortunado/a que eres. <u>Siente la magia que brota dentro de tu ser y anota aquello que sientas en este mismo instante. Después, viene la bendición.</u> No la esperes, llegará y entonces podrás anotarlo justo a esos sentimientos que anotaste.

Estos son los pasos para dar las gracias a diario.

Pasemos a las cartas:

- Haz una carta a tus padres de agradecimiento. Piensa en todo aquello que tienes y has logrado gracias a ellos. Siente cada una de las palabras. Escribe todos los "porque" tienes que agradecerle.

¿Lo tienes? ¿Cómo ha ido? Es muy emotivo ¿verdad? Recuerda que puedes compartir conmigo todas las sensaciones que tengas.

Ahora:

- Haz una carta a quien tú quieras dar las gracias. Si es a alguien que has perdonado anteriormente, dale las gracias por el aprendizaje tan grande que has tenido gracias a la lección que te ha mostrado. También puedes agradecerle a alguien que siempre te ha ayudado, así crearás la energía del dar y recibir. Piensa en lo que mejoró tu vida gracias a esas personas.

¿Lo hiciste? ¡Perfecto!

¡Siéntete la persona más feliz del mundo!

> *"El perdón despierta al Universo y la gratitud desata su Poder".*
>
> **Laín García Calvo.**

Me encantaría saber cómo te sientes ahora mismo. Saber que todos estos procesos te ayudaron me llenará el corazón de felicidad. Me siento muy agradecida por tenerte entre mis líneas y sentir que todo lo que plasmo en ellas te hace feliz.

¡No te imaginas cuánta felicidad siento! Gracias, te amo inmensamente.

Sé que hasta ahora ha sido fantástico todo lo que has logrado, pero si quieres sentir aún más liberación lo que viene a continuación no tiene precio…

REGRESO AL PASADO

Volver al pasado quizás te puede sonar a volver a aquello que quedó atrás, y que, lo que está pasado, pasado está. ¡Vaya juego de palabras!

Durante mucho tiempo he estado indagando sobre el porqué de todas las cosas que me estaban pasando y hasta ahora te he ido contando todo lo que sé y me ha funcionado. Pero, a pesar de que siempre he practicado mucho todas estas herramientas, me di cuenta de que había algo aún que quedaba por liberar.

Pero no solo es liberar, sino que sé que <u>en mi mente subconsciente había quedado impregnada información del pasado</u> y eso precisamente era lo que me obstaculizaba avanzar. Y como bien te he contado en anteriores capítulos, el alma corresponde al subconsciente. Así que para liberar y reprogramar utilizo una herramienta muy efectiva que también te he nombrado en varias ocasiones; la TERAPIA REGRESIVA o como yo le prefiero llamar **TÉCNICA DE REGRESO**.

Hasta ahora te he nombrado terapia regresiva porque es así como muchas personas la conocen. Pero a mí me gusta llamarla TÉCNICA DE REGRESO y es por la sencilla razón que la utilizo como una técnica para encontrar bloqueos, creencias limitantes y además para practicar el perdón, la gratitud y de esta manera completar la sanación de una forma más extensa.

<u>Muchas de las situaciones que vives ahora, las has vivido en vidas anteriores, aunque a veces de diferente manera</u>

o de diferente escala. Por eso a veces, algo nos resulta relativamente fácil, sin embargo, otras situaciones, nos resultan muy complicadas.

Lo más probable es que, en las primeras, hayas pasado por problemas similares a los que tuviste en la segunda, en vidas anteriores; por lo tanto en esta vida parecen estar en un escalón más arriba. Así es como nuestra alma transmuta y evoluciona.

Cuando elegimos conscientemente, estamos desafiando al karma y sus limitaciones. Vamos a buscar resultados. Podemos valernos de todas las herramientas que anteriormente te he mencionado pero quiero hablarte de lo que más eficaz ha sido para mí.

Pero antes me gustaría hablarte de algo.

LA SANACIÓN KÁRMICA.

Probablemente sea más sencillo entender lo que te expliqué del karma después de una sesión de regreso y haber revivido las mismas experiencias, con las mismas pautas, enfermedades, miedos, bloqueos, etc. en diferentes vidas. Ahí es cuando podemos observar el patrón repetitivo de vida en vida. Y así será hasta que no aprendas la lección que pactaste.

Hay que aceptar que a lo largo de nuestra existencia pasamos por diferentes vidas, sin esta comprensión no podemos entender qué es el karma ni porqué nos suceden las cosas que nos suceden.

El karma, como vimos anteriormente, era la ley de la causalidad y por tanto lo que hayas hecho en vidas pasadas tienen efecto en esta. Podríamos decir que el karma es lo que arrastramos de vida en vida; enfermedades, miedos, fobias, etc. Normalmente son síntomas crónicos, hábitos negativos, manías.

La atadura kármica no es una situación positiva, sino una situación pendiente por resolver. Es necesario resolverlo para que la persona quede libre de cargas y encuentre la felicidad y paz que se merece.

Por este motivo es tan importante la sanación kármica. Podremos solucionar problemas tanto psíquicos como físicos de difícil explicación médica, ya que lo arrastramos de otras vidas.

Ahora sí, vamos a ver la TÉNICA DE REGRESO.

Para conseguir llegar a la regresión es necesario que previamente se haga la **RELAJACIÓN**.

La RELAJACIÓN es la técnica que se utiliza para llevar al regreso. Es un estado en el que fijamos la concentración a través de la relajación como su nombre indica. Este proceso puedes hacerlo tú sin necesidad de que nadie te guíe, lo puedes dominar perfectamente. En este caso, sería autorelajación. Te contare paso a paso cómo hacerlo. Realmente el terapeuta es un guía.

El objetivo de la Relajación es tener acceso al subconsciente, como ocurre con la meditación. En el subconsciente queda grabado todo, por eso no se puede limitar por el espacio ni el tiempo, puede recordarlo todo.

Estamos en relajación cuando entre el consciente y el subconsciente está dominado por el subconsciente, todo lo contrario que en la vida cotidiana.

No es estar dormido, la mente consciente tiene siempre el control sobre lo que decimos o hablamos. Normalmente, se puede observar el pasado como si se tratara de una película. Sin embargo hay personas que sienten más que ven, lo viven a nivel emocional. Pero todas ellas coinciden en que recuerdan lo vivido durante la sesión.

La relajación no tiene ningún peligro, puedes salir de ella cuando lo desees. Incluso después de terminar la sesión de relajación, si lo deseas, puedes dejarlo ahí y no continuar con el regreso. <u>Tienes siempre el control de todo por tanto puedes elegir en cada momento qué hacer.</u>

La **TÉCNICA DE REGRESO** es la acción de retroceder en el pasado, en una época anterior ya sea dentro de esta vida o en vidas pasadas. Se reviven recuerdos que pueden estar influyendo negativamente en la vida actual.

Durante la sesión, se puede vivir el regreso de dos formas diferentes: Una es <u>retrocediendo</u> desde la infancia o nacimiento e ir recorriendo la vida por etapas, y la otra es ir a un punto en concreto que nuestro subconsciente nos lleve. Esta última será, en todo caso, las situaciones o momentos más significativos.

<u>Es importante saber que tenemos que llegar al pasado para sanarlo, solucionar el presente y mejorar el futuro. No es una excursión a lo desconocido ni por curiosidad. Te recuerdo que es una terapia de sanación.</u>

Y como te he dicho antes, puedes practicarlo tú, aunque el guía de un terapeuta será más efectivo y te ayudará a entender las emociones y sentimientos que revivas como lecciones de vida.

Si deseas una sesión privada de técnica de regreso conmigo, ponte en contacto a mi correo electrónico nuriasalabergillos@gmail.com

PRÁCTICA DE LA RELAJACIÓN

- Cierra lentamente los ojos.
- Ahora concéntrate en tu respiración, siéntela profunda y regular.

- Inspira profundamente tres veces, relájate. Coge el aire por la nariz y déjalo salir por la boca. Relajándote.

- En cada inhalación inspira la agradable energía que te rodea.

- Y en cada exhalación, expulsa todas las tensiones acumuladas en tu cuerpo.

- Relájate un poco más.

- Siente como todos tus músculos se relajan por completo.

- Relaja todos los músculos de la cabeza y de la frente. Los de la cara y la mandíbula.

- Ahora relaja también los músculos del cuello y los hombros, visualiza cómo se libera toda esa tensión acumulada y se va deshaciendo.

- Relaja los brazos y las manos.

- Deja sueltos todos los músculos de la espalda. Y deja que los músculos del vientre se relajen completamente, para que tu respiración siga siendo profunda y agradable.

- Relaja las piernas y los pies. Estás muy relajado.

- En cada suave inspiración, te relajas más y más.

- Imagina cómo una luz intensa que proviene del Universo se dirige a tu coronilla. Elige el color, el primero que te pase por la mente.

- Visualiza que esa luz potente y sanadora entra por tu chakra corona. Todo lo que esta hermosa luz toque se relajará completamente, liberándote de todas las molestias o sensaciones negativas que acumulas.

- La luz te relaja más y más.

- Te sientes tranquilo y feliz.

- Ahora imagina que la luz desde dentro de tu cabeza se esparce por todo tu cuero cabelludo. Y recorre toda la cabeza y cara; frente, ojos, orejas, mejillas, labios, mentón.

- Estás más y más relajado.

- La luz va descendiendo hacia tu cuello y hombros.

- Estás aún más relajado.

- Ahora la luz desciende por los brazos, codos, antebrazos, muñecas, manos, dedo y uñas. Dejándote más y más relajado.

- Visualiza que la luz relaja y cura todos los músculos, todos los nervios y todas las células de tu cuerpo. Se extiende por el tronco.

- Sientes que la luz fluye por la espalda bajando por la columna vertebral, relajando todos los músculos hasta llegar al glúteo. Por el tórax, entra en el corazón y bombea esa luz por todas las arterias y venas del cuerpo. Impregnando esa luz a todos los órganos internos.

- Los pulmones se llenan de luz.

- Estás profundamente relajado y feliz.

- Sientes una profunda tranquilidad, una maravillosa sensación de paz.

- Imagina que la luz se extiende por el abdomen y paralelamente por la parte inferior de la espalda, relajando completamente todos los músculos y nervios.

- Estás muy relajado, tranquilo y feliz.

- Ahora visualiza como lentamente se va deslizando por las caderas hacia las extremidades inferiores, pasando por los muslos, rodillas, piernas, tobillos, pie, dedos y uñas, quedando todo el cuerpo bañado por la luz.

- Te sientes muy sereno, en una gran paz interior.

- Imagina cómo la luz envuelve completamente todo tu cuerpo en forma de burbuja. Te protege y te relaja totalmente.

- Te encuentras más y más tranquilo.

- Voy a contar hacia atrás del cinco al uno. En cada número te sentirás más y más tranquilo, feliz y tu relajación será más profunda. Cuando cuente el uno, te encontrarás totalmente relajado y tu mente se liberará del espacio y del tiempo.

- Podrás recordarlo todo.

- Cinco.

- Cuatro, te sientes más y más relajado.

- Tres, más y más relajado.

- Dos, totalmente feliz.

- Uno.

- Estás más relajado que nunca en tu vida.

Ahora si lo deseas puedes terminar la sesión de relajación, basta con abrir los ojos y regresar a tu estado habitual.

Pero si lo deseas puedes seguir hacia el regreso…

En este estado de relajación deja que tu mente sea la que te diga hacia donde debe ir. Puede que veas una situación de cuando eras pequeño/a o bien de adolescente. Quizás te veas en otra forma física; otra época, sexo, ropa, etc. Obsérvalo todo y sobre todo lo que sientes. Si en cualquier momento te sientes incómodo/a o ves algo desagradable puedes salir de esa situación o verlo desde fuera del cuerpo.

Viaja y explora, siente y revive todo. Y si crees que hay algo que debes sanar hazlo. Perdona y ama.

Cuando lo desees puedes salir del regreso y volver al estado actual en esta vida.

¿Cómo te sientes? ¿Pudiste revivir alguna experiencia? Recuerda que esta práctica debería estar <u>supervisada por un terapeuta</u> para mayor ayuda y que pueda reconducirte correctamente, sobre todo si acudes a esta herramienta por un bloqueo importante o severo, como algún trastorno. <u>No intentes hacer esta terapia solo/a si tienes algún problema grave ya que tu estado emocional podría verse influenciado de manera más aguda. El terapeuta te ayudará a entender esas emociones y sentimientos vividos.</u>

Si lo deseas te puedo ayudar. Contacta conmigo. Juntos podemos sacar conclusiones y solucionar tus problemas actuales.

En mis cursos de Reiki, en el tercer nivel enseño a hacer todo este proceso de relajación y regreso, entre otras terapias sanadoras como pueden ser sanación kármica con símbolos Reiki o la cirugía psíquica.

<u>El psiquiatra Brian Weiss explica y relata en su primer libro "Muchas vidas, muchos maestros" cómo cambió su vida y su visión de la psicoterapia</u>. Una de sus pacientes, Catherine, recordó a través de la hipnosis varias de sus vidas pasadas y pudo encontrar el origen de muchos de los traumas que sufría. Catherine se curó, pero ocurrió algo más impactante aún: contactó con los Maestros, unos espíritus superiores que se encuentran entre vida y vida. O sea, ellos son los que dan fe de esos acuerdos prenatales de los que te hablé en capítulos anteriores. Ellos le comunicaron importantes mensajes de sabiduría y comprensión. Con estas experiencias se demuestra que la ciencia y la metafísica o espiritualidad van unidas y crea un lazo importante para el avance de la sanación.

En ocasiones he tenido esa misma experiencia con los Maestros y me comunican las lecciones que debo aprender y no solo las mías, sino las de las personas que trato en consulta o en programas y cursos.

De estas conexiones te hablaré en mi siguiente libro "Conciencia SUPERIOR, Canalizaciones del Universo".

Ahora nos encontramos en el punto de la....

Transmutación

Después de todo el proceso que has vivido en la fase SET me queda decirte que estás en un punto muy culminante. Ahora es cuando pasas de un estado a otro. Ya no solo tienes la conciencia, sino que tu alma ha evolucionado, ha transmutado.

Una transmutación no solo es un cambio, sino es una transformación de tu ser desde la parte más interna. Tu alma reconoce todo lo que ha aprendido y lo asimila. Ahora ya sabe que es lo que es, a qué ha venido y seguramente ya sepa qué lecciones debe aprender aún.

Conoces la conexión que hay entre la mente y el alma. La fuente que emana de ti y dentro de ti. Ahora estás preparado/a para culminar el viaje con tu Espíritu.

Pero antes, voy hacerte un breve resumen de todo lo que has transmutado en esta fase...

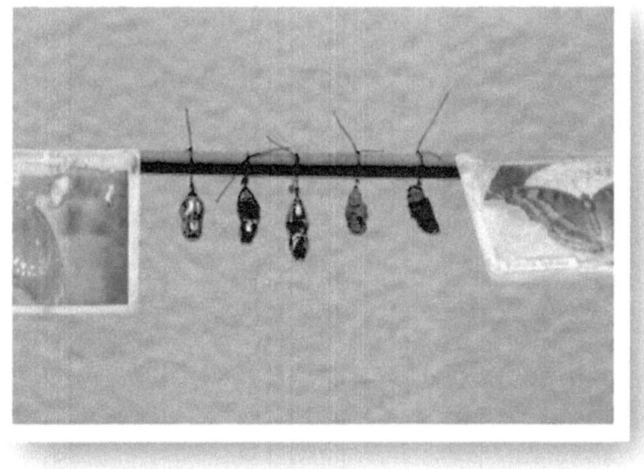

RESUMEN DE LA PARTIDA

HAS VUELTO A VENCER A TU MONSTRUO...

En esta partida se trataba de vencer al **MONSTRUO DEL PASADO**. Este monstruo también está en una cueva como el de la partida anterior, sólo que esta vez la cueva es más profunda, está más arraigada, porque ha vivido muchas vidas.

Las pruebas que has tenido que superar en esta partida te han llevado a un cambio muy importante. De una solución has pasado a la evolución y por último has **TRANSMUTA-DO**. Ahora eres un/a guerrero/a más fuerte para combatir las fuerzas más grandes.

Primero tuviste que equilibrarte para restablecer tu alma, adaptando tu melodía para regular el movimiento pendular que hacía desequilibrarte. <u>Ganaste a una servidora del ego</u>, la duda, venciendo tus objeciones. Elegiste entre blanco o negro, quedándote en el centro, donde reside el equilibrio. Y comprobaste la magia de la transformación cuando practicaste la polaridad. Fingiendo que habías vencido pudiste derrotar al pequeño monstruo del péndulo.

Y cuando creíste que todo había terminado, conociste una energía, la del **DAR Y RECIBIR**, con paciencia y perseverancia. Como una flor, su semilla germinando tarda en salir pero cuando lo hace, es firme y fuerte.

Seguiste todas las indicaciones del mapa y ahí fue cuando supiste que **TODO PASA POR ALGO** y que todo tiene su causa y su efecto, karma. Que hay personas que creen que los demás son los culpables sin darse cuenta de que en realidad sólo tienen que adentrarse en la cueva para vencer el monstruo del pasado y reconocer que ellos son los resultados de esa partida.

El juego está planificado antes de jugar. Tú planeaste las normas del juego con todos los participantes, pero cuando entraste a la partida se borraron todos los archivos del pacto, lo olvidaste todo. Posiblemente, te desconectaste de la energía que te suministra para continuar el juego, tu **FUENTE**. Pero lo mejor fue que pudiste rectificar "desarmando" el lío que construiste para no seguir participando.

Menos mal que pudiste hacerlo con el **PERDÓN**, hacia los demás y hacia ti mismo/a. Escribiendo cartas de liberación, te diste cuenta que tenías un error de percepción, los demás no eran culpables. Ya estabas libre para continuar la partida. Sólo te faltaba dar las **GRACIAS** por haberlo conseguido. Te pusiste a escribir unas cartas de bendición y conseguiste adentrarte a la cueva.

Regresaste al pasado, sanando tu karma. Utilizaste técnicas de relajación para regresar allí donde te hacía más daño. Esta es la forma de vencer al monstruo del pasado. No basta con entrar en el fondo de la cueva sino que tienes que volver al pasado y desde allí derrotarlo.

Pasaste por una técnica que te llevaba de vida en vida, entendiendo todo los aprendizajes que tenías en cada una de ellas y que a partir de ahora puedes practicar para mejorar tu vida y vencer mejor a tu monstruo del pasado.

Y woww después de todas estas pruebas y desafíos que te encontraste, lo ¡¡¡VENCISTE!!!

¡Te volviste a proclamar VENCEDOR/A de la partida! Llegaste a la TRANSMUTACIÓN.

Ahora vuelves a tener el mapa del tesoro en tus manos, con la diferencia que ahora te marca una nueva ruta para este trepidante viaje se culminará cuando pases la siguiente partida.

¿Te atreves a continuar? ¿Sí?

¡Genial!

Antes quiero dejarte esta reflexión para que puedas concluir el viaje que empezó en la fase CAM.

Todo el conocimiento de mente, alma, cuerpo no sirve de nada sin conectar con la ley cósmica, la ley universal. Todo contacto con Dios es conectar con nuestro espíritu. La unión de esas dos fuerzas es irrefutable e intangible, y no cabe esperar que se inunde de abundancia todo lo que la rodea.

Ahora sí.

VAMOSSSS

FASE REC: Resultado, Estado y Cambio

Ahora ya estás en el punto culminante de este viaje. Ya has tomado conciencia, aceptación y meditación. Después obtuviste solución, evolución y transmutación. Y ahora te toca grabar la partida y proclamarte vencedor/a del **JUEGO FINAL**.

En la fase REC entrarás en un estado de conciencia superior que te llevará a un cambio de visión. Partiendo del **RESULTADO** que te llevará a ese **ESTADO** de conciencia serás merecedor/a del **CAMBIO**. No es más que un proceso más hacia el camino de la sabiduría interior.

El Resultado lo verás <u>reflejado en ti y en el Espejo que el Universo</u> te muestra. Tu Espíritu es trascendental y halla la manera de comunicarse con el Dios Creador. Concienciarse de que rigen dos aspectos en tu ser; **El ego y el Espíritu**, y que debemos saber a quién escuchar. Esa es una de las grandes labores del ser humano.

> **El ego dice: "Cuando todas las cosas estén en su lugar Yo encontraré la Paz".**
>
> **El Espíritu dice: "Encuentra la Paz y todo lo demás estará en su lugar".**
>
> **Anónimo.**

Una vez creemos ese Estado de conciencia nos llevará a equilibrar las energías que poseemos; la energía masculina y la energía femenina, a subir la vibración y entrar en comunión con Todo. Aquí se empieza a equilibrar las energías y transmitirnos amor incondicional.

Después, <u>tu Espíritu logrará conseguir todo los poderes que te llevarán al éxito</u>, a la realización de tus sueños. Estos éxitos los tenemos por ley, son nuestros derechos y debemos ser buenos recibidores de toda la abundancia y riqueza que nos merecemos.

Para resumir...la fase REC: ¡Decides, Creas y Recibes! ¡Graba todas las partidas y te proclámate Vencedor/a!

Vamos a ver como se hace…

TU FASE "REC"

CONECTA

En esta fase es muy importante reconocer en qué **conocimiento espiritua**l te encuentras ya que para sanar el espíritu, tienes que tener una conciencia más profunda de tu ser; saber que actúa el ego en tu contra. Este proceso te llevará a conectar con Tu Yo interior o Superior para que se produzca la **Unión con el Todo**.

Practicar tu fase REC es imprescindible para reconocer el ser divino que hay en ti. Yo practico esta fase cuando siento que mi espíritu se desconecta con Dios y con el Todo, sobretodo, cuando no veo manifestados mis deseos.

Esto es lo que hago yo…

Cierro los ojos y hago un recorrido visual de todo lo que en este mismo instante está sucediendo en mi vida. Observo qué acontecimientos están pasando en mi entorno e intento descifrar el por qué. Seguidamente, hago un listado mental de todos mis sueños y deseos. Observo y me pregunto qué parte de mi espíritu es la que se ha desconectado con el Universo. Cuando obtengo respuesta, entonces acepto mi labor de equilibrar mis energías y llegar a una vibración más alta. Después desato todos mis poderes para lograr la manifestación material de mis deseos. Y por último, observo las bendiciones con gratitud y aceptación. Mi vida está llena de riqueza y abundancia.

Como puedes ver es muy parecido al de la fase CAM y al de la fase SET. La diferencia está en el proceso en sí, que es un nivel aún más evolutivo. Pero no te preocupes que te voy a ayudar a reconocer tu fase REC.

¿Entendiste el proceso? ¿Sí?

Pues ahora te toca a ti.

RESULTADO: Cierra los ojos y haz tu recorrido visual de la situación actual en la que te encuentras. Observa todos los acontecimientos que están pasando a tu alrededor. Haz un listado de todos tus sueños y deseos.

Anótalos:_______________________________________

____

____

____

Ahora observa y pregúntate qué parte de tu espíritu es la que se ha desconectado con el Universo.

Anótalos:_______________________________________

____

____

____

ESTADO: Ahora acepta tu labor de equilibrar tus energías y llegar a una vibración más alta. Anota todo los poderes que debes desarrollar para lograrlo.

Anótalos:_______________________________________

____

____

____

Llega a un estado de conciencia universal y conéctate con el Todo.

CAMBIO: observo las bendiciones con gratitud y aceptación. Mi vida está llena de riqueza y abundancia. Visualizo esas riquezas y esos deseos concedidos y los anoto.

Anótalos:_______________________________________

____

____

____

¡Muy bien! Ahora ya sabes cuál es tu fase REC y culminar hacia la iluminación, así que te invito a seguir...

EL ESPEJO UNIVERSAL Y EL REFLEJO INTERNO

TODO ES UN REFLEJO

El Universo es un espejo que nos refleja todo lo que el poder interno y creador que tenemos. En función de lo que mandamos así recibimos y en su momento oportuno. Cada acción consciente tuya conlleva una reacción del Universo.

En el Universo todo se manifiesta entre sí: como es aquí abajo, es allí arriba. Si entiendes todo lo que ocurre en el mundo material, entenderás lo que sucede en el mundo espiritual.

Todo lo que sucede a nuestro alrededor refleja lo que está ocurriendo por dentro.

Si eres una persona desordenada, demuestra que tienes un desorden interno. Si eres una persona muy estricta en el orden, reflejas que eres una persona con rigidez mental en tus ideas. Cuando insultas o criticas demuestras tus mismos aspectos de tu propia personalidad.

La opinión que tengas sobre ti mismo/a refleja tus ideas sobre ti. Cuando te sientas deprimido, angustiado o preocupado, arreglarte físicamente o mejorar tu aspecto externo influirá en tu estado interno. Si tu vida es caótica y con muchos problemas, comienza por poner orden en tu habitación, armarios, mesa de trabajo, etc. El orden externo te ayudará al orden interno.

Si entendiste el concepto del reflejo interno y el espejo universal, ahora vamos a ponerlo en práctica.

Despréndete del pasado:

Despréndete de todos los utensilios que no funcionan o que no utilizas en la casa. Todos lo que no uses puedes vender, donar o regalar a quien pueda necesitarlo. Tiene que haber un espacio en tu casa para que pueda entrar lo nuevo. Hay que dejar lugar a lo nuevo.

Si acumulas cosas antiguas y que no te son de utilidad te estás apegando al pasado y no dejas que lo nuevo entre. Sólo conserva aquello que realmente uses o sea necesario para ti.

> *"La vida es un eterno dejar ir. Solamente con las manos vacías podrás agarrar algo nuevo".*
>
> **Robin Williams.**

Despídete de todo lo que te vayas a desprender con mucho amor. El Universo no trae nada nuevo a tu vida si no te desprendes de lo antiguo. Bendice lo que se vaya de tu vida y deja que circule. Repite este proceso cada 6 meses.

Todo lo que llevamos por dentro, atraemos por fuera; personas y situaciones. Esto significa que ***Todo lo que nos sucede está guardado en nuestra Mente***.

Otro ejemplo de cómo reflejar hacia afuera y expandir lo interno:

Expandir el Aura:

El aura es el campo energético que nos envuelve y que nos sustenta. Cuando tenemos problemas o conflictos nos afecta en el aura dejando energía negativa depositada y acaba afectando a nuestro cuerpo. Para que no te afecte debes expandir tu aura.

Para expandir el Aura debes hacer círculos amplios con los brazos. Al hacerlos de forma circular sentirás que tus músculos se estiran y tu energía corporal aumenta. Si haces todas las mañanas este ejercicio cada vez te sentirás con mayor energía y vitalidad.

Después puedes hacer alguna afirmación: "Estoy abierto/a y receptivo/a a todo lo bueno para mí en el día de hoy". Da las gracias y continúas con tu día.

¿Hiciste estos dos ejemplos de espejos y expansión? Recuerda que lo más importante de todos estos pasos no es el ejercicio en sí, sino que al hacerlos estás proyectando al Universo aquello que quieres recibir.

Genial pues vamos a continuar este viaje.

Espíritu: ¡Culminamos el viaje!

En el primero conocimos todo sobre la mente y cómo creamos todo lo que en ella está. En el segundo vimos cómo sanar el alma, que viaja de vida en vida con una programación según nuestras vivencias y que hay que sanar para no seguir arrastrando más el karma. Y este último proceso veremos cómo <u>conectar con nuestra esencia Divina, El Espíritu.</u>

Tu primera misión será conocer a tu yo interior o tu **Yo Superior** que te conectará con la esencia divina del Yo Soy y así poder lograr conectarte con la energía universal. Te contaré cómo conectarte con ese Dios o diosa creadora que tú eres.

Después descubrirás aquello que viniste hacer en la Tierra. Conocerás unos **dones** que harán que se manifiesten tus deseos. Pero para todo eso, antes deberás haber consensuado con *TU EGO*. Él te ha estado llevando por los caminos que no te llevaban al éxito. Así que, con las bases que te marco a continuación podrás lograr vencerlo y ser merecedor/a de todo aquello que sueñes.

Ahora tú tendrás todo el poder de CREAR. Es parte del Plan Divino, el plan que Dios creó.

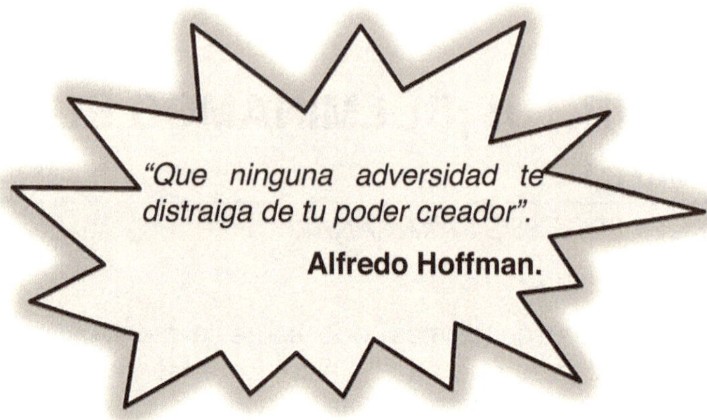

Ahora toca decidir entre…

EL EGO Y EL ESPÍRITU

En nuestra mente conviven dos grandes maestros; **el Ego y el Espíritu. Son dos voces internas y sus mensajes son totalmente opuestos**. Estas voces intentan convencernos de qué camino tomar.

El ego son los pensamientos que nos definen como somos y lo que hemos vivido. El ego es todo aquello que piensas sobre ti mismo/a, todo aquello que aceptas como verdad durante toda tu vida. Tu ego te dice cómo eres físicamente, tu color de piel, tu cultura, que perteneces a un estado social, etc. Es decir, el conjunto de pensamientos que te describen a ti mismo/a. El problema del ego es que lo que cree es una idea que te limita a ti mismo/a.

El Espíritu te recuerda que eres un ser único y universal, perfecto, eterno y poderoso y que estás viviendo una experiencia humana, terrenal. También te recuerda que nadie puede dañarte, mientras el Ego intenta hacerte vulnerable.

"El amor es feliz cuando puede dar algo.
El ego es feliz cuando puede quitar algo".

Osho.

El ego te hace pensar que eres un ser separado del Todo, mientras que el Espíritu te mantiene conectado con el Todo, cree en la Unidad. El Universo te recuerda que el hijo de Dios es uno solo y todos formamos parte de él.

El ego se asocia a la culpa y el Espíritu al perdón.

Los mensajes del ego provocan ansiedad, miedo y culpa. Siempre estás condenándote y condenando a los demás. El Espíritu nos recuerda que todo lo que ha sucedido ha sido perfecto para nuestra evolución y aprendizaje y que era necesario. No hay culpables ni condenaciones, todo forma parte del aprendizaje.

Los mensajes del Espíritu son gratificantes, nos consuelan y gracias a ellos llegamos a un entendimiento sobre porque nos sucede todo. El Espíritu te recuerda tu misión en la tierra que es brindar amor y cumplir con tu propósito. Si das amor no tienes nada que perder, exigir o reclamar.

Así que tienes que aprender a descubrir **a quién estás escuchando**. Esto es fácil de hacer; si sientes que vives atormentado/a, pierdes el sueño, te sientes inquieto/a ya sabes a quién estás escuchando. Si sientes amor, paz, alegría, vives en armonía, entonces es la voz del espíritu la que te habla.

<u>Has venido al planeta con una única función que es la de sanarte a ti mismo.</u> No has venido para cambiar, exigir, rescatar o salvar a nadie. El Espíritu recordará siempre que todo lo que estás viviendo es parte de tu evolución y te ayudará a elevarte. Todas esas personas que parecen ser los culpables de tu insatisfacción, no son más que tus grandes maestros disfrazados que te están dando la oportunidad de sanarte.

Pero **¿cómo surgió el ego?**

Cuando Dios nos creó nos otorgó un poder, el poder creador. Con el tiempo, ese poder lo hemos separado del padre. Nos hemos culpabilizado por todos nuestros errores y hemos tenido que aprender a desmontar todas esas ideas erróneas para nuestra evolución espiritual. Así es como se alcanza la iluminación espiritual. <u>Cuanto más renunciamos al dolor, al sufrimiento, al culpar, al castigar, más nos conectamos con nuestra esencia divina espiritual.</u>

¿Cómo puedes descubrir cuándo estás actuando según tu ego? Pues cuando haces drama de todo lo que te sucede, cuando te asustas, cuando sientes inseguridad, cuando tratas de llamar la atención contando tus problemas haciéndote víctima de los resultados con tus amigos. Así es como el ego alarga el problema, cuando tú dejas la culpabilidad a los demás.

<u>Cada vez que te sorprendas buscando aliados de manera ansiosa, detente y reflexiona, pregúntate a quién estás escuchando. Pide ayuda al Espíritu, ya que es la parte de ti que está conectada a Dios. El espíritu te enseñará siempre a llevar tu vida de manera fluida sin necesidad de hacer esfuerzos desmesurados o sacrificios.</u>

Tu poder verdadero radica en tu capacidad de elegir.

Respira profundamente y acepta esta afirmación; tienes el poder de elegir lo que tú quieras vivir.

¿Y tú? **¿A quién escuchas?** ¿Has elegido a quién escuchar?

Después de esta reflexión tan profunda sobre nuestro ser llega el momento de dar una tregua….

RECONCÍLIATE

Ahora que sabes todo lo que ego provoca en ti, me imagino que querrás deshacerte de él, querrás hacerlo desaparecer. Pues, mi querida estrella valiente, eso es imposible porque todos necesitamos un ego para funcionar aquí en el plano terrenal. Necesitas estar diferenciado/a de los demás para que tus vivencias sean distintas y no se mezclen con la demás y puedas evolucionar espiritualmente.

Todos necesitamos tener una identidad terrenal, aquí en el plano material. El problema no es tener ego sino dejar que él sea la voz dominante. Mientras esté en *equilibrio* no hay ningún peligro. Ya sabes que todo lo que se mantiene en equilibrio se estabiliza. Pero es imprescindible escuchar la voz del espíritu porque él nos llevará a la evolución en estado de dicha.

Si sientes ansiedad, inseguridad y que la vida se te escapa y solo escuchas mensajes negativos y desalentadores, estás dejando que el ego se interponga al espíritu. Y eso cuando te sientes atrapado/a en un mundo sin sentido.

La solución a este problema es ponerte en manos de las voces que te reconducirán en tu camino espiritual, la del espíritu. Dejar cómo sus mensajes te llenan de alegría y claridad, ves cómo nuevos caminos se abren y nuevas oportunidades llegan a tu vida.

Debes decirle a tu ego; a partir de hoy elijo ser guiado por un maestro más sabio, que tiene la habilidad de ver e iluminar mi camino y sabe ver más lejos mi destino. **A partir de ahora vas a invertir a los maestros de orden poniendo al espíritu por encima de tu ego.**

LOS MENSAJES SECRETOS DEL ESPÍRITU

Anteriormente te he hablado del ego y el espíritu; el primero vive en el pasado o se va hacia el futuro, mientras que el segundo vive en el presente. Así que el primer mensaje del espíritu es que **cuanto más vivas en el presente y disfrutes de todas las situaciones o cosas que se te presenten, más en paz estás contigo mismo/a.**

Para evolucionar tienes que eliminar la culpa de lo que te pasó en el pasado, la preocupación por lo que aún no ha llegado en el futuro y aprender a vivir en el aquí y ahora, en el presente. Disfruta de todo lo que tienes hoy. Piensa en quién eres hoy.

Cuando vives en el presente, puedes descubrir tus propias limitaciones y en función de eso poder tomar decisiones. Cuando tengas tu elección, debes aplicar lo que hablamos en el fase CAM; la Mente. ¿Cómo? Pues pronunciando las palabras adecuadas, visualizando lo que deseas y sentir que has logrado el objetivo. Después deja que la manifestación se realice, aquello que habrás elegido en el presente.

A veces nos encontramos personas difíciles de trata o de convivir con ellas. La fuerza del espíritu hace reconocernos en aquella persona atormentada forma parte de nosotros mismos. **Está reflejando nuestro problema interno.** Si no, no estaría en nuestra vida.

Existen personas que están muy dominadas por su ego. Con estas personas no sirve de nada ser demasiado "buenos" con ellas. Entienden que perdonar es igual a debilidad y en estos casos hay que mantenerse en su sitio, posición firme y decir "NO". Debemos tomar distancia y desde ahí desearlo lo mejor, mostrarle los mejores deseos. Sólo así podremos ayudarle a salir de su posición dominada por el ego. El ser demasiado "bueno" no ayuda, hay que hacerlo en su momento y en su medida correcta. Pediremos ayuda a nuestros guías espirituales y nuestro guía interno, el Espíritu.

Si alguna vez sientes que la energía de otra persona te está influenciando, es señal de que tu vibración es débil y tienes aún trabajo por hacer. <u>Cuando vibras en la misma frecuencia del Espíritu tu poder se vuelve más fuerte que cualquier problema o situación negativa, entonces ya no habrá nada que no puedas resolver.</u>

El ego crea todo tipo de miedos e inseguridades; abandono, enfermedades, falta de dinero, soledad, etc. El miedo produce una paralización y te mantiene en la zona de confort. Si te mantienes en esa zona no evolucionas, ya que siempre tendrás las mismas experiencias, hablaras con las mismas personas, irás a los mismos sitios, comerás lo mismo, etc.

El Espíritu te conduce a la FE.

Cuando tienes fe y esperanza en la vida actúas con seguridad y firmeza; te atreves a emprender un nuevo negocio, empiezas a tratar con personas nuevas, te embarcas en nuevas aventuras y te animas hace todo tipo de cosas nuevas para crecer.

> *"Da el primer paso con FE. No tienes por qué ver toda la escalera. Basta con que subas el primer peldaño".*
>
> **Martin Luther King.**

Tener Fe en Dios y estar preocupado/a no es tener Fe. El miedo y la fe no son compatibles. **O tienes fe o tienes miedo**. Si crees en Dios no puedes tener miedo. Tienes que aprender a ser atrevido y salir de la zona de confort. Puede que algunas cosas nuevas de las que pruebes no te salgan como querías o no te sirvan, pero lo que habrás experimentado será de un valor incalculable. **La experiencia no se puede transmitir.**

Cuando salí de aquel evento tan revelador quise contarles a todos lo que había vivido allí. Fueron los dos días más intensos de mi vida y quería transmitir toda aquella fuerza y energía que recibí. Sin embargo, parecía que no percibían lo mismo que yo. Esto es porque ellos no tuvieron esa vivencia, ni siquiera tenían intención de vivirla, otros la percibieron pero no de igual manera, a éstos sí que les llamó la atención y seguro que en el próximo evento irán. Pero tanto unos como otros, no percibieron lo mismo que yo.

Esto pasa en cualquier experiencia que tengas en tu vida, por muy sencilla que te parezca si no lo vives no sientes la experiencia. Te podría contar la experiencia de comer una manzana, su textura, su sabor particular, de la manera en que la mastico y saboreo, pero hasta que tú no muerdas una manzana no sabrás de lo que te estoy hablando. Te animo a probar por ti mismo la experiencia.

Siguiendo con la ley del Universal y del Espíritu de que **todo nos corresponde por derecho, nos corresponde toda la abundancia y la felicidad que merecemos**. Cuando veas a alguien que tenga una fortuna, esa fortuna le corresponde. Si ves a alguien que está viviendo en la pobreza, también le corresponde. Y es que esta ley no significa que exista una selectividad en Dios o en el Espíritu sino que esta selectividad está solo en la mente humana. Dios no elige quién es rico y quién es pobre. **Lo eliges tú**. Cada uno elige ser rico o ser pobre. La pobreza no es problema de dinero, sino de mente.

<u>Mientras no cambies la mentalidad de pobre, la riqueza no podrá llegar a tu vida.</u> Si prestas dinero a alguien que tiene una deuda, lo que estás haciendo es agrandar su deuda. La solución está en ayudarlo en cambiar su pensamiento.

<u>Las deudas se generan por culpas y son una forma de auto castigarte. Si quieres salir de tus propias deudas o ayudar a salir a otras personas de sus deudas, deberás aprender a perdonar, mejor dicho perdonarte. La mayoría de las deudas son generadas por qué acceder aquello que aún no está ganado en conciencia. Es decir, perdonarte y sentirte merecedor de manera consciente. Significa que estás acelerando el proceso y tú no has aceptado aquello que estás adquiriendo en el plano físico o material.</u>

Recuerda que la mente es tierra fértil y todo lo que siembras o deseas se manifiesta.

Espero que todos estos mensajes del Espíritu te ayuden tanto como a mí, porque de verdad son de gran utilidad si los sabes aplicar.

Así que ahora vas a ver cómo plasmar todo eso que has aprendido…

PROYECCIÓN

Es el mecanismo más eficaz que nuestro ego utiliza.

Para entender mejor cómo funciona este mecanismo te voy a poner un ejemplo: Imagínate un encuentro entre un hombre y una mujer. Los dos muy atractivos, empiezan a sentirse atraídos e inician una conversación. La mujer no sabe que el hombre tuvo en su infancia un hogar disfuncional; padres abusivos, agresivos, todo eso está detrás de un aspecto elegante y actitud simpática. En un determinado momento la mujer hace mención con una palabra que al hombre le recordó algo de su infancia y entonces es cuando el hombre empieza a sentirse incómodo y piensa que esa mujer no es para él. Se aleja, y la mujer se queda pensando qué ha dicho o que ha pasado.

Ahora imagínate la misma historia, sólo que el hombre había tenido una infancia feliz. La mujer vuelve hacer el comentario, utilizando las mismas palabras, y sin embargo, esta vez el hombre ni se molesta. Siguen conversando y el hombre se siente feliz de haberla conocido.

En el primer caso, lo más seguro es que él culpabilice a la mujer por esa situación incómoda, sin darse cuenta de que lo que ha pasado realmente es que ha sido una proyección de sus propias heridas de la infancia.

Este fenómeno es lo que se llama "proyección". La única razón por la que reaccionamos así es porque ciertas vivencias nos recuerdan y reviven nuestras heridas emocionales internas. No hay nada más lejos de la verdad que culpar al otro por nuestro dolor.

El mecanismo de la proyección a veces puede resultar absurdo. Hay personas que culpan de su mal humor o problemas al gobierno, a su jefe, a la tele, a su vecino, a su pareja, a la iglesia y a cualquier cosa que encuentre su mente. Piensan que si la cosa cambia ahí fuera todo mejorará en su vida. Luego cuando sucede pueden ver que siguen estando con mal humor o con los mismos problemas.

Tu felicidad no depende de nada externo, si algo te hace sufrir es que algo tienes que sanar en tu interior.

Cuando empiezas a aceptar que el verdadero problema esté dentro de ti, empiezas a activar tu sistema de autosanación.

Tienes que saber que atraes a una persona o situación problemática a tu vida con el propósito de sanar tus heridas. <u>Cada vez que alguien o algo te saque de quicio o te moleste, el universo te está dando la oportunidad de curar una herida interna.</u>

Cuando te encuentres en esa situación puedes hacer dos cosas:

1.- Preguntarte: **¿Qué significa esto en mi vida? ¿Qué lección hay detrás de esta situación?** Sin buscar culpables.

2.- Conéctate con tu espíritu con palabras pidiendo sanación; **"Me siento molesto y enfadado por lo que ha pasado, sé qué siento dolor porque ha despertado una herida en mí, necesito sanación. Pido al Universo y a Dios que me ayude a curar esto. Pido la curación completa de mi ser".**

Lo mejor es la sensación de liberación y paz interna que se siente una vez que hemos sanado. <u>El karma es una creación de nuestro ego.</u> Y referente a eso tenemos que pagar por los errores que cometimos, porque lo asociamos con castigo, generalmente. Cuando empiezas a escuchar a tu espíritu y entiendas y aceptes que no tienes que pagar nada, dejarás de castigarte y condenarte. Tu espíritu solo te recuerda que solo has cometido errores y que se pueden corregir.

Ahora hazme un favor. **¡¡¡NO TE CASTIGUES MÁS!!!**

Busca tus medios para conseguir sanar esas heridas internas. A mí me funciona la meditación del perdón u otras meditaciones de sanación. También uso la técnica de regreso para ir al momento donde generé el sentimiento de culpa y desde allí lo disuelvo.

Ya sabes que tienes muchas herramientas elige la que mejor te puede ayudar. Y como ya sabes estoy a tu servicio si crees que puedo ayudarte.

El Universo nos provee de aquello que nos puede ayudar para sanar y para expandir nuestro Espíritu, trascender y elevar nuestra conciencia al máximo. Él quiere que estemos en continuo aprendizaje para expandirnos.

El Universo está en continua expansión. Dios nos creó como parte y extensión de sí mismo con la misión de que continuaremos creando. <u>Para crear algo nuevo, es necesario que se unifiquen dos energías; la masculina y la femenina. Sin esta unión no se da la manifestación.</u>

Así que veamos cómo son estas dos energías….

YIN Y YANG

En el proceso de la creación, el sexo es una de sus manifestaciones. Independientemente de nuestro sexo, todos tenemos **energía masculina y energía femenina** y tenemos que lograr el perfecto equilibrio de éstas para tener éxito en la vida.

El hombre que lleva al extremo la energía masculina, sufrirá por su parte intuitiva, receptiva o imaginativa. La mujer que polariza la energía femenina, sufrirá por falta de iniciativa y confianza en sí misma. Cada uno tiene que desarrollar la energía masculina la energía femenina para estar equilibrado.

El símbolo del Yin-yang representa el perfecto equilibrio entre la energía masculina y femenina. La parte negra representa al **yin-femenina** y la blanca representa **yang-masculina**. Si miramos este símbolo, dónde termina la energía femenina comienza la masculina y viceversa. Dentro de la parte negra hay un círculo blanco, que significa que en el corazón de la energía femenina existe la energía masculina, también ocurre igual con la parte blanca. Cada una de ellas necesita a la otra para lograr el equilibrio perfecto.

La energía yin es receptiva, creativa, pasiva e imaginativa. La energía yang es dinámica, agresiva, activa. Las energías tienden a complementarse, es por eso que atraemos la polaridad que nos falta. Cuando una persona es muy tranquila o tímida, probablemente atraiga a su vida amistades más dinámicas y activas. Si una persona es más agresiva y extrovertida tiende a rodearse de personas más pacíficas y tranquilas. Cada uno de nosotros atrae la energía que nos falta.

Como te conté los polos opuestos son iguales en naturaleza; sólo difieren por el grado de manifestación, y que tenemos que aprender a armonizar los opuestos. Cuando atraemos a personas con la polaridad que nos falta nos ayudamos a encontrar la armonización o equilibrio.

Al principio puede que esta atracción de opuestos pueda contribuir a cierta dependencia entre ambos, pero con el tiempo cada uno ofrecerá su energía al otro para ayudarlo a encontrar su punto de equilibrio.

Si es tímido/a dejará de serlo y quien es más extrovertido aprenderá a reflexionar más en sus actos.

Cuando finamente una persona encuentra su punto de armonía, empieza a sentir la Unidad con el Universo y verdadera Paz Interior.

Si eres una persona que tenga mucha facilidad para visualizar e imaginar tus metas (Yin-femenina) no obtendrás resultados si no tomas acción (Yang-masculina). Si eres una persona muy concreta a la hora de actuar y muy activa (Yang-masculina) carecerás de originalidad para crear algo nuevo, fantasía para renovarte e inventar cosas nuevas (yin-femenina).

Cuando notes que alguno de tus sueños no se llega a manifestar, pregúntate **¿Qué energía me está haciendo falta utilizar?** Quizás te esté haciendo falta tomar acción dirigida a un enfoque determinado (Yang-masculina), o quizás no estés preparado/a para aceptar lo nuevo que se te presenta, cambios originales, etc. (Yin-femenina).

Puedes ponerte en un sitio cómodo, respira profundamente tres veces, visualiza el símbolo Yin-Yang y pregunta a tu Yo Superior: **"¿Qué porcentaje de parte Yang está ocupando mi vida?"**. Verás un número en tu mente, agradece la respuesta, respira profundamente y abre los ojos. Recuerda el número y por diferencia obtendrás el porcentaje de Yin.

Ahora tienes el porcentaje de responsabilidad y el de creatividad. Y tendrás que llevarlo al equilibrio. Cualquier logro que quieras conseguir, ya sea por una empresa o a nivel personal, debes saber que el equilibrio de estas dos partes es vital. La responsabilidad es la energía Yang y la creatividad es la energía yin.

<u>Cuando una persona tiene un porcentaje muy elevado de responsabilidad, es muy probable que se sienta encasillada en una estructura muy rígida por carecer de creatividad.</u>

La energía creativa está directamente relacionada con nuestro *"niño interior"*. Es muy importante tener un espacio para la diversión y el juego en nuestra vida adulta. Solo así podremos entrar en el Reino de los Cielos, con la inocencia de un niño. Debes dedicar un tiempo a tu niño interior y dejar de cargarte de tantas responsabilidades para sentirte más liviano/a y hacer más simple nuestra vida cotidiana.

El espíritu nos recuerda que la misión que Dios nos has encomendado es de ser felices. Dios no quiere sacrificios. Por eso debes evitar cargarte con responsabilidades de los demás y vivir más tu vida de forma libre y liviana. Cuando Dios quiere que ayudes a alguien ya se encarga de mandarte las señales oportunas y las pone a tu alcance. Si alguien no te agradece lo que haces te está diciendo que fue un error ayudarlo porque te pasaste de los límites de entrega.

"Pregúntale a tu niño interior qué desea y dáselo".

Alejandro Jodorowsky.

La única manera de ayudar a los demás es ayudándonos primero a nosotros mismos.

¿Vamos a jugar un ratito?

JUGANDO CON LA ENERGÍA YIN

Si no complementamos correctamente nuestras energías masculinas y femeninas (Yin-Yang) no hay creación. En nuestra sociedad está muy valorada la energía Yang (masculina), la que nos hace asumir responsabilidades y trabajar dentro de una estructura organizada. Esto hace que nos limitemos en cuanto nuestra creatividad.

Es muy importante que nuestra naturaleza creadora sea desarrollada para la expresión del Espíritu. Fuimos creados a **"imagen y semejanza"** de nuestro Padre. Todo fue creado por Dios y nosotros formamos parte de Él; por tanto, tenemos la habilidad también de crear nuestro propio Universo Interno.

Todos tenemos un Dios o una Diosa interna con poder de crear.

Para desarrollar la energía yin, es imprescindible jugar con la vida; podemos dedicarnos a pasear por la naturaleza experimentando su energía y viviendo el presente, podemos bailar, reír, jugar, saltar, etc.

La energía Yin es la que gobierna la parte izquierda del cuerpo. Si eres diestro/a es aconsejable que uses la mano izquierda para desarrollar más la energía Yin. Al utilizar las dos manos implica activar los dos hemisferios cerebrales; es decir, las dos energías Yin Yang.

Vamos a jugar con la energía Yin.

Escribe en cada uno de los rayos de este sol todo lo que te gusta hacer; actividades creativas y divertidas. Nada serio, sólo escribe aquello que te resulte placentero y disfrutes. Empieza con cinco actividades. Si te apetece hacer más puedes añadir tantos rayos como quieras. Este sol no tiene límite de rayos.

Señala con una cruz las actividades que ya estás haciendo ahora, aunque sea de vez en cuando. Si solo has marcado una o ninguna deberás tomar medidas para cambiar tu rutina lo más pronto posible. Cuantas más actividades tengas marcadas de las que mencionas más feliz será tu vida.

TU PROPIO SOL BRILLARÁ CON MÁS FUERZA QUE NUNCA. NO DEJES QUE NUNCA SE APAGUE.

Y para que no se apegue debemos estar constantemente en un estado; el de sonreír, ya que favorece nuestro estado energético. Aumenta nuestra vibración, se desarrolla nuestra energía Yin y además se activa nuestro sistema inmune.

Así que vayamos a practicar la sonrisa...

La sonrisa interior

EL GRAN PODER

Las emociones negativas como el mal humor, la ira, el enfado, el miedo, el rencor, son síntoma de algún desequilibrio energético que disminuye tu nivel de energía que si persiste puede llegar a enfermedad.

La sonrisa tiene el poder de dar amor y energía positiva hacia quien va dirigida.

La sonrisa es símbolo de amor y felicidad universal.

Al sonreír transmitimos energía amorosa sanadora. La sonrisa influye en la glándula *Timo* que es la que regula la energía en nuestro organismo; nos protege de enfermedades más graves.

Sonreírte a ti mismo aceptando y queriéndote por ello es como estar permanentemente en una cascada de luz y amor divino.

La sonrisa interior transmite a nuestro cuerpo físico, a nuestra mente, a nuestra alma y a nuestro espíritu la **paz, alegría y amor eterno del Creador**. Tan solo tenemos que hacer un gesto de energía sanadora.

Vamos hacer este gesto de amor incondicional hacia nosotros mismos.

Busca un lugar adecuado, tranquilo y cómodo.

PRÁCTICA DE LA SONRISA INTERIOR

Si no te surge la sonrisa de forma espontánea, puedes forzarla de forma sutil con un gesto de sonrisa y después ir ampliando.

Visualiza mentalmente todas las partes y órganos de tu cuerpo sonriendo una por una:

Primero sonríe a los ojos y a toda la cabeza, pelo, nariz, boca, orejas, lengua, dientes, mejillas, cerebro, cuello y hombros. Después sonríele a tus extremidades superiores; brazos, codos, antebrazos, muñeca, manos, dedos y uñas. Sigue sonriendo por tus extremidades inferiores; muslos, rodillas, piernas, tobillos, pie, dedos y uñas. Ahora continúa sonriendo por tu tronco; tórax, abdomen, columna, pasando por todos los músculos, huesos y órganos. Pasa con la sonrisa también por todas las glándulas internas y nos detendremos en la glándula del timo, en ella pondrás especial énfasis en la sonrisa, transmitiendo energía de amor curativa para que te proteja. Finaliza colocando las manos en el corazón, órgano de la alegría, dándole las gracias por transmitir la energía amorosa de la sonrisa por todo tu cuerpo. Visualiza cómo una flor de loto que abre sus pétalos a medida que nuestro corazón recibe nuestro amor y nuestra sonrisa.

Cuando termines de sonreírte. Abre los ojos y disfruta de ese amor que emana por todo tu ser.

La meditación y la oración te acercan a la luz y a realizar tu propósito de vida. Es crecer y avanzar hacia tu conciencia divina.

> *"El corazón le pertenece a la sonrisa que lo hace latir".*
>
> **Cristhian Proaño.**

Quiero acercarte aún más a tu esencia…

"YO SOY"

Sabemos qué somos y que nuestra misión es formar parte de la Unidad Cósmica Divina.

Con la meditación y la oración nos acercamos a la paz del espíritu dejando aislada la conducción exterior. Su práctica nos hace más fuerte para superar los problemas y las preocupaciones de ser humano.

ORACIÓN DEL "YO SOY"

"YO SOY (tu nombre), DIOS Y YO SOMOS AMOR".

Su repetición tiene un gran poder sanador de todos nuestros cuerpos; físicos, mental y emocional aumentando el poder interior.

Jesús dijo: **"Dios y yo somos uno"**. Esta oración simboliza nuestra individualidad y a la vez la Unidad en un Plan Divino. Nos recuerda que dentro de cada uno de nosotros hay una chispa divina que o nunca se apaga.

Simboliza también la unión con Dios; "DIOS Y YO SO-MOS AMOR".

Es una oración poderosa que te muestra a ti mismo/a tu individualidad y el poder de tu libre albedrío, que es la herramienta más poderosa que posees para sanar tu karma y avanzar hacia la Luz que nadie te puede apagar. Es el camino a la iluminación.

Yo soy fuerte espiritualmente y nada ni nadie me puede dañar.

Cuando llegas a este punto no solo tienes un nivel de conciencia superior sino que empiezas a conocer la esencia de tu Espíritu. Quizás con un poco de práctica más logres conectar con "Yo Espiritual".

Si has practicado todos estos dones posiblemente empieces a ver manifestados tus deseos. Recuerda a no impacientarse, todo tiene su proceso.

El Universo está preparándolo todo para ti.

Así que, vamos a recordar todo lo que hemos hecho hasta ahora…

Resumen de la partida

En esta última partida tenías que vencer al **MONSTRUO DEL EGO**. Este monstruo es más difícil de vencer pues alberga en varios lugares y puede aparecer cuando menos te lo piensas. Gracias a Dios has tenido un gran aliado **TU ESPÍRITU**. Juntos habéis podido derrotar al **EGO**.

Esta vez, las pruebas que has tenido que pasar te han llevado de los **RESULTADOS** a un **ESTADO** de conciencia superior y desde ahí has obtenido el **CAMBIO**. Ahora dominas a la perfección los **3 ELEMENTOS** que componen tu ser; mente, alma y espíritu. Para ello has pasado un gran proceso de maduración y sabiduría.

Primero conociste al <u>Espejo Universal y tu Reflejo</u> Interno donde pudiste observar todo lo que ocurrió dentro de ti. Te desprendiste del pasado, extendiste tu aura, y por fin pusiste a tu gran enemigo EGO y a tu gran aliado ESPÍRI-TU uno enfrente del otro para que eligieras a cuál de los dos escuchar.

Firmaste una tregua con el Ego; no renunciarías a él con la condición de que el Espíritu se pusiera siempre por delante de él. Después el Espíritu te reveló unos mensajes secretos donde te contaba todas las estrategias del ego para que no cayeras en su trampa.

Después te mostraron un mecanismo que el ego utiliza la **PROYECCIÓN**. Aquí te enfrentaron a personas y a situaciones para que vieras el reflejo en ti, el reflejo de tu espejo. Te pusieron en una situación un poco incómoda pero supiste salir aireado/a.

Ahora ya estabas culminando tu viaje junto con tu amigo Espíritu, pero aún debíais pasar los dos algunas pruebas más. Se te entregó un símbolo **YIN-YANG** en el cual tenías que observar cada parte y llevarla al equilibrio. Debías trabajar dos energías en ti que juntas hacen la creación (energía masculina y energía femenina). Preguntaste a tu Espíritu qué porcentaje de energía tenías de la femenina y cuál porcentaje tenías de la energía masculina.

Pasaste un juego; el de la energía YIN para equilibrar las energías. Para subir tu estado energético practicaste la meditación de **LA SONRISA INTERIOR** que consiste en darte mucho amor y sonreírle a tu cuerpo. Por último también hiciste una oración muy poderosa; **"YO SOY"**.

Después de todos estos desafíos aún más grandes que en las anteriores partidas, ¡¡¡**POR FIN VENCISTE AL GRAN MONSTRUO DEL EGO!!!!!**

Ahora no solo te proclamas **VENCEDOR/A** de esta partida, sino que has ganado el ¡¡¡**JUEGO ENTERO!!!!**

Y como recompensa tienes ¡¡¡**TU TESORO!!!** ¡¡Ya llegaste!! El mapa te indicó lo que tus pasos hicieron y ahora tienes ¡¡¡**TU RECOMPENSA!!!**

¡¡¡TE FELICITO!!! ¡¡¡ERES UN/A CAMPEON/A!!! ¡¡¡ERES UNA ALMA VALIENTE Y TRANSFORMADORA!!! ¡Te felicito mi estrella valiente!

Quiero dejarte esta pequeña reflexión como gesto de alegría de verte triunfar...

__Somos viajeros en un viaje donde las aventuras nos ensalzan, somos viajeros de un viaje universal. Depende de ti, cómo y de qué manera viajes y a quien quieras llevar de copiloto. La vida es eterna, el alma no muere y esas experiencias te las llevarás en el siguiente viaje.__

<u>Cuida bien tu equipaje. Te has detenido un momento a encontrarte, amarte a conocerte y a compartir. Éste es el mejor de los viajes de tu existencia.</u>

Bueno, querido lector, después de pasar todos los procesos y fases a tu lado, sólo me queda decirte que me ha encantado estar contigo en este viaje. Quiero dejarte un último mensaje…

El Poder De Sanar Tu Vida

3er PASO

DESATA TU PODER SANADOR

TU PODER SANADOR: TU DON

Ahora ya tienes algo muy grande en ti, pero quiero estar segura de que lo lograste. Para mí es muy importante que llegados a este punto tengas claro qué hacer para sanar todos los aspectos de tu vida.

Tú tienes el control absoluto de tu vida y ahora has desatado TU DON.

Durante este tiempo has ido viendo todo cuanto debías saber para ser feliz y cumplir tus sueños. El PROPÓSITO de este libro era que tuvieras el *DON* de sanarte. Y que sabiendo todos aquellos SECRETOS que no sabías tienes el **PODER DE TRANSFORMAR** tu ser; lo que viniste a SER. Esta misión es la que se te encomienda. Te recuerdo que el OBJETIVO de esta trilogía es de la de conocer tu **PROPÓSITO DE VIDA**.

Y mi pregunta para ti es: **¿TIENES RESULTADOS YA? ¿A QUÉ ESPERAS?**

Si no los tienes aún es porque ¡¡¡NO HICISTE NADA!!!

<u>Te he ido contando paso a paso todo lo que debías hacer.</u> **Y te he dado todos los PASOS.**

Dime: Del 1 al 10 ¿cuánto crees que mereces ser feliz? SI NO HAS DICHO 10 ¡¡ESTÁS LOCO/A!! ¡¡¡SIÉNTETE MERECEDOR/A DE UN 10!!!

¡¡VINISTE A SER UN 10 EN TODO!! ¡¡DIOS TE CREÓ PARA SER UN 10!!

Tienes un DON, no lo desaproveches. Tú viniste para una misión especial. DIOS TE CREÓ con un único objetivo de que fueras CREADOR igual que él. **¿VAS A DEJAR DE SER QUIEN VINISTE A SER POR TUS MIEDOS?**

<u>Conecta con tu mente, alma y espíritu. Ellas tres tienen la CLAVE de todo. Juntas pueden lograr que tus SUEÑOS los veas realizados. Dios te acompaña siempre, igual que tus GUÍAS ESPIRITUALES.</u>

Tienes que saber que somos seres **ÚNICOS Y UNIVER-SALES** y como tal, debemos estar en comunión con el TODO. No renuncies a tu PROSPERIDAD, a tu ALEGRÍA y FELICIDAD.

Si tomaste ya la DECISIÓN de transformar tu vida ahora sabrás que ya tienes resultados con la seguridad de que funcionan. Has descubierto que todo es más fácil de lo que pensabas.

Este libro es mágico. Este libro es original. Y todo lo que has encontrado aquí es EXCLUSIVO para ti. Te he revelado grandes secretos y son asombrosos los beneficios que tendrás con la práctica. Cuando lo domines todo por completo, todo el mundo te dirá cómo lo has conseguido. Y la verdad no te costó tanto, ¿no? Te di unos pasos sencillos y fáciles de hacer, así que si aún no lo tienes es porque no pusiste TU GRANITO para conseguirlo.

¿QUÉ HAS LOGRADO HASTA AHORA? ¡¡¡GRANDES CAMBIOS SEGURO!!! ¡¡¡TE FELICITO SI ES ASÍ!!!

Lo mejor de todo es que después de ver lo efectivos que son los métodos que te explico en este libro, finalmente verás a tu FAMILIA Y AMIGOS más felices y ¿sabes por qué? Porque cuando sanas tú, **<u>está sanando todo tu alrededor</u>**. Podrás comprobarlo por ti mismo/a. Las soluciones a tus problemas ya las tienes disponibles, las tienes a tu alcance.

Si quieres que tus resultados se multipliquen, **¡¡¡ACTÚA YA!!!** Tienes la FÓRMULA y los SECRETOS para obtener lo que deseas. Sé inteligente y escucha a tu Espíritu, a tu esencia divina. Elimina todas las objeciones y no permitas que nada ni nadie te detenga.

Ahora toca **ELEGIR**...¿QUIERES SEGUIR COMO ESTABAS SIN NADA QUE PERDER PERO SIN NADA QUE GANAR TAMPOCO? O bien, ¿EMPEZARÁS A TOMAR LAS RIENDAS DE TU VIDA Y TE PONDRÁS MANOS A LA OBRA SANANDO TU SER, DESATANDO TU PODER?

> *"No te ahogas al caer al agua. Sólo te ahogas si te quedas allí".*
>
> **Zig Ziglar.**

¡¡¡TÚ DECIDES!!!

YO TE ESPERO con el grupo de las personas sanas y felices, almas **VALIENTES Y TRANSFORMADORAS**. Algunas de ellas ya las conoces. Únete a las *Estrellas Valientes.*

¡¡¡TE ESPERAMOS!!!

¡¡¡TU DON TE ESPERA!!!

Sigue a tu **CORAZÓN**, él te guiará con la unión de mente-alma-espíritu.

¡¡¡TODO COMIENZA AHORA!!!

¿QUÉ DESEAS?

Hemos llegado aquí para forjar algo muy grande en ti; **TUS SUEÑOS**. Sabes que para lograrlo has tenido que vencer muchos miedos y obstáculos, pero sobretodo has tenido que aliarte con tu **MENTE**.

Pero había más detrás de ella; había un pasado grabado en el subconsciente que no te dejaba continuar para llegar a tus sueños. Tu **ALMA** te pedía a gritos que escucharas lo que ella quería mostrarte, pues ella te llevaría derecha a ellos. Así que también te pusiste manos a la obra pasar sanar aquello que tu alma necesitaba equilibrar.

Aun así, no te sentías conectado/a al Todo, a tu **ESPÍRITU**, a tu esencia Divina. Conectaste con Dios y con el Poder Creador que hay en ti. Descubriste a qué viniste y cómo ofrecerlo a la humanidad.

> *"Los dos días más importantes de tu vida, son el día en que naces, y el día que descubres por qué".*
>
> **Mark Twain.**

Ahora sabes cómo ponerlo todo a la práctica pero…

Realmente, **¿QUÉ DESEAS?** Aún no me quedó muy claro el objetivo que deseas alcanzar. Aunque sé que tú tienes tus razones y creo que las tienes muy claras, me encantaría que me las expongas.

TU DESEO ES: _______________________________

Ahora, realmente ¿Es eso lo que deseas? ¿Sí?

¡Genial!

Me imagino cómo deseas tu vida. **<u>Cómo te sentirás</u>**. Sé que tu vida va adquirir otras dimensiones y **<u>otros colores</u>**; colores variados y muy brillantes, tienes un paleta de colores impresionantes.

Me imagino también cómo vas a decir **<u>SÍ a tus sueños</u>**, a todas las alegrías. Me imagino el decorado tan bonito que tendrás y tú estás en ese escenario dándolo todo. Podrás sentir la calidez de todos aquellos que están contigo.

¿ME EQUIVOCO SI NO SON ESTAS LAS SENSACIONES QUE TUS SUEÑOS PROVOCARÁN EN TI?

NO, ¿VERDAD?

¡¡¡PUES VE A POR ELLOS CON MÁS FUERZAS QUE NUNCA!!!

TU MAPA DEL TESORO

¿CÓMO SÉ QUE ESTOY EN EL CAMINO?

Al principio del libro te entregué un <u>mapa donde seguías tus rutas</u>. Podías variar de camino, eso siempre ha sido tu elección, pero sabes que todas esas rutas están marcadas porque por ese camino ya ha pasado alguien; YO.

No te voy a dar las coordenadas mal, sé exactamente que mi GPS está correcto porque yo lo programé así. Y junto con mi intuición y mis guías; Dios y Los Guías Espirituales, hemos conseguido lo que **MI ALMA ANHELA.**

Así que, si te estás preguntando: **¿CÓMO SÉ QUE ESTOY EN EL CAMINO?** Déjame decirte que la única forma de saberlo es ver qué has ganado hasta ahora.

Podría decirte con toda certeza y seguridad de que sólo por el hecho de llegar hasta aquí ya has logrado mucho. Has tenido muchas opciones durante la lectura de este libro, pero tú has elegido *SEGUIR*. Eso me dice mucho de ti. Me dice que tú, al igual que el grupo de Almas que confiaron en el **programa de las 15!**, sois almas valientes y transformadoras y que todas juntas formamos un grupo de **ESTRELLAS VALIENTES**. Ahora sabes que nunca más más a estar solo/a. Porque aunque seas un ser único e individual, vas a estar siempre acompañado/a. Conocerás un camino de evolución, de crecimiento y expansión de la vida. Entonces ¿qué más puedes pedir? Has tomado buena **DECISIÓN**.

> *"No importa el lugar donde vivimos en el planeta o lo difícil que nuestra situación parezca ser, tenemos la capacidad de superar y trascender nuestras circunstancias".*
>
> **Louise L. Hay.**

QUIERO REVELARTE ALGO...

Este libro ha sido canalizado y ritualizado para que el lector, o sea **TÚ**, **RECIBAS MILLONES DE BENDICIONES**. Ha sido canalizado con las palabras adecuadas para que llegue a ti el **MENSAJE** que quiero darte. Y con los mejores deseos de que logres tus éxitos. Tiene un anclaje mágico para que cuando caiga en tus manos, tengas la dicha, prosperidad y abundancia que mereces.

¿Y POR QUÉ TE LO DIGO AL FINAL DEL LIBRO?

Pues por dos motivos:

- Porque eres de los que TERMINAN todo lo que EMPIEZAN. **ERES DEL 10%** Y NO DEL 90%.

- Porque ahora que ya entiendes todo el proceso mente-alma-espíritu, ya sabes que puedes **crear TU DON** y asimilas y comprendes la importancia de todo lo que te he contado hasta ahora.

¡¡¡YA NO TIENES NINGUNA DUDA!!!

¡¡¡AHORA TIENES EL PODER CREADOR!!!

¡¡¡AHORA PUEDES CREAR TU DON!!!

¿ME QUIERES AYUDAR A AYUDAR?

Una de las cosas que me causado felicidad siempre es el por **AYUDAR** a todos aquellos que me necesitan. Tener todos estos conocimientos me ha llevado a COMPARTIR-LOS a todas las personas que me rodean y poder **MEJO-RAR SUS VIDAS**.

Como bien sabes, todos estos conocimientos han trans-formado mi vida por completo, y la de familiares, amigos, clientas. Han visto cómo sus vidas han mejorado; ahora tienen mejor salud, sienten más paz y felicidad.

ME SIENTO BENDECIDA POR PODER TRANSMITIR TODOS ESTOS CONOCIMIENTOS, QUE DIOS Y MIS GUÍAS ME ACOMPAÑEN SIEMPRE.

GRACIAS, GRACIAS, GRACIAS.

AMO A TODO EL SER HUMANO, Y A TODO SER VIVO Y MI DESEO ES PODER AYUDAR A SANAR, TRANSMU-TAR Y ACOMPAÑAR A TODOS ELLOS.

Mi **SUEÑO** es poder llegar a **MILES DE PERSONAS**, que puedan descubrir sus **DONES y TRANSFORMEN SUS VIDAS**.

Me gustaría preguntarte: ¿Te ha gustado este libro? ¿Has logrado conectar con tu Espíritu y descubrir a qué vinis-te? ¿Has creado TU DON de sanar? ¿Te gustaría ayudar a más personas con lo que has descubierto? ¿Te gus-taría que todas las personas que te rodean, familiares, amigos, compañeros de trabajo, todos ellos conocieran también su DON?

Ahora necesito ayuda; necesito que todo lo que he aprendido caiga en más manos que lo necesitan. Y ¿sabes por qué? **PORQUE ES MI LABOR EL DEJAR ESTE LEGADO QUE ME FUE ENCOMENDADO.**

Y también, como te conté en el libro, por la ley del **DAR Y RECIBIR**. Lo que siembras, recogerás. Y si lo que das es GRANDE más MUCHAS MÁS GRANDE ES LO QUE RECIBES.

Por eso te pido **AYUDA: BENDICE A OTROS SERES.**

¿Conoces a alguien que crees que este libro le pueda ayudar? ¿Sí? Pues tan solo tiene que tomar acción.

Tu corazón, tu alma y tu espíritu, igual que los míos, estarán llenos de luz, amor, paz, alegría y felicidad.

Ya sabes que el Universo te lo trae **MULTIPLICADO**.

Pero lo mejor de todo es que, me ayudes o no, me siento inmensamente agradecida de corazón porque has adquirido este libro y tu vida se haya transformado.

Y si lo has adquirido ya estás aportando algo muy grande. Un porcentaje de este libro está destinado a personas y/o organizaciones para las personas que necesiten ayuda y sobre todo para cumplir con mi promesa de llegar a más personas que como yo han sufrido y han pasado por situaciones tan dolorosas.

GRACIAS, GRACIAS, GRACIAS.

Te amo inmensamente mi estrella valiente.

Nuria.

 Nuria Sala Bergillos

 nuriasalabergillos

 Nuria Sala – TU DON

 nuriasalabergillos@gmail.com

Visita mi página web: www.nuriasalabergillos.com

"LA VOZ DE TU ALMA"

Aún recuerdo cuando me conecté a mi Facebook y vi a Laín junto a Javier haciendo un video en directo. A Javier lo tenía como amigo porque le sigo como maestro Reiki, ya que yo también lo soy y me gusta mucho lo que publica.

Así que observando cómo aquel chico explicaba algo sobre las dimensiones y el alma, me preguntaba: "¿Pero quién es este tipo que habla mejor del alma que yo?" jajaja. Fueron interesantes las explicaciones y lo hipnotizada que me dejó con cada una de ellas y su peculiar forma de expresión. Así fue como conocí a Laín.

Enseguida empecé a seguirle en las redes y me compré el libro que iba a transformar mi vida y el de millones de personas alrededor del mundo; LA VOZ DE TU ALMA.

Y cuando me adentré en sus maravillosas páginas me di cuenta de que ese libro tenía algo mágico que nunca había descubierto antes. Me preguntaba por qué nunca pude lograr mis sueños, qué es lo que me faltaba para lograrlo. Leyendo este libro pude comprobarlo y averiguar todo lo que tanto busqué.

Pude observar que una amiga mía también lo seguía. Hablé con ella y me dijo: "¡Es una pasada! Yo lo sigo y voy a ir al próximo evento, en unos días" ¡Guau también hace eventos!, pensé. Y me agregó a un fantástico grupo de IMPARABLES donde compartíamos todo lo que Laín hacía, las lecturas, textos de sus libros, vídeos.

¡Todo es fantástico! Empecé a elevar mi vibración, a transformarme. Seguía todos sus directos y hacía todos los ejercicios. Y pronto seguí la saga y decidí inscribirme en su increíble y transformador evento INTENSIVO ¡VUÉLVETE IMPARABLE!

Durante la lectura de LA VOZ DE TU ALMA descubrí algo muy grande y es que todos tenemos el poder creador y que en nuestra mente subconsciente están grabadas muchas creencias limitantes.

Y con el estudio de este preciado libro pude darme cuenta que todos tenemos un poder creador y que todo lo que tenemos es fruto de lo que hemos creado en nuestro pasado.

Profundizar la saga me ayudó a conocer mi propósito y llevar a cabo todos mis objetivos.

He leído muchos libros a lo largo de mi vida, pero sin duda el más transformador de ellos es LA VOZ DE TU ALMA. Y jamás me cansaré de leerlo y releerlo, tomar notas y compartir con otros seres esta maravillosa obra y todas las aventuras aprendidas con él.

Así que te recomiendo que entres ahora mismo en su página web y consigue este maravilloso y mágico libro:

www.laingarciacalvo.com

ILUMINA EL CAMINO

Como te he dicho antes, un porcentaje de este libro, concretamente un 10%, va destinado a ayudar a personas que lo necesitan. Siento que es una labor muy grande la de todos los seres de luz como tú ilumine el camino a otros seres.

Y qué mejor manera de hacerlo que proyectando tu luz hacia nuevos horizontes. Dime ¿Te sientes bien ayudando a los demás? ¿Eres feliz cuando lo haces? Déjame decirte que eres un ser muy bendecido si es así.

Así que sigamos bendiciendo almas. **¡SIGAMOS ILUMINANDO EL CAMINO!**

¿QUIERES PERTENECER AL GRUPO DE ESTRELLAS VALIENTES?

Cuando varias almas se reúnen pueden crear millones más de ilusiones, magia, amor y muchísimas maravillas más.

¿Te imaginas un grupo de estrellas juntas lo que podrían iluminar?

¿Te gustaría formar parte de este grupo de estrellas?

¿CÓMO FORMAR PARTE DE ESTA CONSTELACIÓN MARAVILLOSA?

Regala o recomienda este libro a 5 personas a las que creas que necesiten o le gustaría esta lectura.

Después me mandas un correo electrónico nuriasalabergillos@gmail.com y me cuentas cómo ha sido tu experiencia con una foto tuya y yo lo compartiré en mi página web en la sección de ILUMINA EL CAMINO. Así todo el mundo sabrá que tú también has formado parte de este maravilloso DON de ayudar a miles de personas.

Solo me queda decirte; millones de gracias por ser parte de esta maravillosa constelación de ESTRELLAS VALIENTES que se han atrevido a elegir una vida con obstáculos para aprender unas increíbles lecciones y trascender.

Te deseo un camino lleno de luz y amor. Millones de bendiciones, felicidad y abundancia infinita.

¡Hasta prontito!

Abrazos de luz y amor.

Nuria.

UNA COSITA MÁS...

Si durante la lectura has sentido algún chispazo de luz en tu alma y sientes que debes compartirlo, te brindo a que le saques una foto a esa frase que te ha inspirado y la cuelgues en las redes sociales. Pon **#tudonelpoderdesanartuvida** y sabré qué parte es la que más te ha inspirado de este libro.

Y como puedes ver, para mí es muy importante tu opinión y sobre todo tu cambio, tu transformación, me encantaría que me mandaras un correo nuriasalabergillos@gmail.com y me cuentes tu experiencia con la lectura de este libro y qué resultados has tenido. Mándamelo junto a una foto tuya con el libro.

También puedes dejarme un comentario en la página web www.nuriasalabergillos.com o en Amazon.

Y AHORA TU REGALO...

Sí sí, has leído bien. Con todo lo que te acabo de pedir, no creerás que no te voy a premiar por ello ¿verdad?

Pues así es. Te regalo una sesión de 30 minutos de canalización para una pregunta en concreto, algo que necesites que tus guías te aconsejen.

Genial ¿verdad? Seguro que ahora mismo acaban de verte varias cosas qué consultar. Así que voy a contribuir para que tengas claridad en lo que necesites.

Estoy deseando poder ayudarte.

Millones de gracias. Bendiciones.

Te amo inmensamente.

Nuria.

¿Y AHORA QUE?

Ahora ya estás preparado/a para la siguiente fase.

Estás a punto de conocer los mensajes del Universo.

Continúa en…

Puedes adquirirlos en www.nuriasalabergillos.com